ÉPHÉMÉRIDES NANTAISES

DU

Centenaire

DE LA

RÉVOLUTION

recueillies

Par Léon Brunschvicg

NANTES

M. DCCC. LXXXIX.

Éphémérides Nantaises

DU

CENTENAIRE

DE

LA RÉVOLUTION

L.K 7
34860

1789-1889

ÉPHÉMÉRIDES NANTAISES

DU

Centenaire

DE LA

RÉVOLUTION

recueillies

Par Léon Brunschvicg

NANTES

Imprimerie du Commerce, G. SCHWOB & FILS

Rue Scribe, 4 & 6

DON
109264

1er JANVIER

1793

Adresse à la Convention nationale

Adresse de la ville de Nantes à la Convention nationale :

« Nous venons vous dire la vérité, toute la vérité, mais faites mieux, sachez en profiter. Vos débats, vos divisions ont retenti dans tous les points de la France. Nous ne vous le dissimulons pas, ils nous ont affligés, et le peuple quelquefois a méconnu son choix. Il vous avait envoyés, pourquoi ? Pour lui donner des lois : vous ne savez pas vous en imposer à vous-mêmes ; pour faire respecter son nom et sa puissance : vous n'avez pas encore appris à vous respecter ; enfin, pour fonder et assurer sa liberté : et vous n'avez pas su maintenir la vôtre ! »

Cette adresse fut lue le 7 à la Convention nationale, par le citoyen Sotin, délégué de Nantes, au milieu d'un tumulte indescriptible dont font foi les débats de l'Assemblée.

2 JANVIER

1789

La ville de Nantes afferme la salle de spectacle pour neuf années, à raison de 20,000 livres par an.

1794

Publication du premier numéro des *Affiches de Nantes*, département de la Loire-Inférieure, an II de la République française, in-4°, imprimerie de Brun aîné.

Ce journal commence par des annonces de biens, meubles et immeubles, à vendre; vient ensuite une analyse des débats de la Convention; il est terminé par quelques nouvelles de l'étranger, de l'intérieur et de la localité.

Ce sont assurément ces dernières qui, au point de vue de l'histoire de Nantes, offrent le plus d'intérêt pour les chercheurs.

3 JANVIER

1795

L'amnistie de l'an III

Proclamation de la nouvelle municipalité Giraud-Duplessis pour l'exécution de la loi du 12 frimaire an III décrétant l'amnistie en faveur des « rebelles de la Vendée » et des « Chouans » qui déposeront les armes dans le mois de la publication.

A la suite de cette proclamation conçue en fort bons termes, les rebelles vinrent en foule à Nantes, mais ils ne tardèrent pas à y arborer publiquement la cocarde blanche et il fallut un nouvel arrêté pour mettre fin à ces manifestations séditieuses dans un pays à peine remis des secousses de la guerre civile et qui devait la voir renaître encore à peu de temps de là.

4 JANVIER

1794

(15 Nivôse an II)

Il sort du port de Nantes un convoi d'une vingtaine de bâtiments de transport, chargés pour Brest et Lorient, sous l'escorte des corvettes de la République l'*Assemblée nationale* et le *Républicain*.

C'était chose alors assez fréquente que ce mouvement des navires de commerce allant d'un port à l'autre pour y apporter où y chercher des vivres et qui n'y pouvaient arriver en sûreté qu'à la condition d'être accompagnés de bâtiments de guerre prêts à se battre avec les Anglais.

Les journaux de Nantes de l'époque consacrent leur partie maritime au détail de ces combats qui se terminaient le plus souvent à notre avantage et qui augmentaient ainsi nos convois des prises faites sur l'ennemi par les corvettes de la République.

Quels admirables et courageux marins nous avions alors! Ceux que nous avons aujourd'hui ne le leur céderaient en rien le jour où il s'agirait de défendre contre l'étranger le territoire de la patrie. Ils sont les dignes descendants de leurs aïeux.

5 JANVIER

1794

Quelques localités de la Loire-Inférieure et des départements limitrophes avaient à cette époque modifié le nom qu'elles portaient sous l'ancien régime, pour prendre un nom plus révolutionnaire.

Exemple :

Port-Nazaire	Saint-Nazaire
Pazanne	Sainte-Pazanne
Messidor	St-Etienne-de-Mont-Luc
Port-Liberté	Port-Louis
La Roche-Sauveur	La Roche-Bernard

Voici l'histoire de cette dernière modification :

A La Roche-Bernard (Morbihan), un citoyen, du nom de Joseph Sauveur, avait été martyr de la rage des chouans. Au milieu des souffrances les plus cuisantes, il baisait sa médaille patriotique en formant des vœux pour la République et pour l'affermissement de la liberté. La Convention, admirant ce dévouement héroïque, décréta que La Roche-Bernard serait à l'avenir appelée La Roche-Sauveur.

Sauvigny, adjudant général de l'armée des côtes de Brest, fit paraître chez Hérault, imprimeur à Nantes, un apologue en vers sur Sauveur, intitulé : *Le Lierre et le Bûcheron*, plus patriotique du reste que littéraire.

6 JANVIER

1796

La monnaie républicaine

Le tribunal criminel de la Loire-Inférieure condamne Julien Bouvier, marchand boulanger à Paimbœuf, à trois jours de détention et aux frais d'impression et d'affichage du jugement, pour avoir refusé de recevoir de la monnaie métallique « au type républicain ».

Il fallait en arriver à obliger tous les citoyens au respect du nouvel ordre de choses. De là des condamnations d'ailleurs légères comme celle du boulanger Bouvier qui, en refusant la monnaie républicaine, protestait indirectement contre les institutions existantes.

7 JANVIER

1790

Le corps de ville se rassemble pour recevoir communication du décret de l'Assemblée nationale relatif à la constitution des municipalités, en même temps que celui qui, abolissant les provinces, divisait la Loire-Inférieure en 207 communes.

L'échevin Cornet, faisant fonction de procureur-syndic, salua le nouvel ordre de choses qui « fait, disait-il, crouler de toutes parts cet édifice gothique et barbare de la féodalité. »

« Une année s'est à peine écoulée et vous voyez ensevelis, dans la nuit des temps, les monuments de la servitude de nos pères.

» Le modeste citoyen aura donc enfin une patrie. »

C'était le coup de grâce porté à l'ancien régime provincial et l'avénement des communes à la liberté.

8 JANVIER

1789

Au début de l'année 1789 s'était répandue en province, notamment en Bretagne, une brochure assez vive, intitulée *Avis aux Parisiens* et relative, comme tout ce qui se publiait alors, à la convocation des Etats-Généraux. Elle fut saisie, lacérée et brûlée à Rennes, le 8 janvier 1789, par arrêt du Parlement de Bretagne, ainsi motivé :

La Cour a considéré qu'en invitant le Peuple des villes et des campagnes à s'occuper des principes du droit public, en ramenant toutes les idées au seul droit naturel, droit nécessairement modifié dans toutes les sociétés humaines, en rappelant tous à une égalité qui n'existe point dans la nature et qui laisserait le faible à la merci du fort ; en attaquant les distinctions qui maintiennent l'ordre et garantissent par là tous les citoyens de la violence ; en couvrant des démarches aussi dangereuses du prétexte de bien public qui enflamme toujours les âmes honnêtes, ces libelles préparent sourdement une révolution dont on ne peut calculer les suites...

Le peuple de Nantes répondit le 10 janvier à cet arrêt par une énergique protestation.

9 JANVIER

1789

A la suite de l'envahissement de l'Hôtel-de-Ville, les officiers municipaux de Nantes baissent le prix du pain d'un sou par livre.

Les boutiques des boulangers sont assiégées, au cri de : Vive le roi auquel se mêle le cri plus significatif à cette époque de : Vive la Liberté !

C'était la rigueur du froid qui avait amené la famine et contraint le sous-maire, M. Bodin des Plantes à rassembler le conseil municipal, à lui exposer « la circonstance » malheureuse où se trouvait la commu- » nauté par l'effet du tumulte populaire et » par les suites de la violence qui avait » forcé contre toute raison. »

Deux commissaires furent nommés pour remédier à la situation, mais ils n'étaient pas de taille à y faire face et le pauvre Bodin des Plantes fut chansonné sur tous les tons.

10 JANVIER

1789

Les carrefours de Nantes et les portes d'église sont trouvés le matin recouverts d'une affiche contenant une résolution du peuple de Rennes en réponse à un arrêt du Parlement de l'avant-veille qui condamne au feu certains écrits libéraux et qui défendait aux particuliers de s'assembler.

Cette grave atteinte à la liberté de réunion avait porté à son comble l'indignation des citoyens qui rédigèrent une protestation énergique se terminant ainsi :

« Le peuple,

» En vertu de l'autorité que donnent toujours la justice et la raison,

» Casse et annule ledit arrêt ; fait défense à tous ses députés d'y avoir égard, sous les peines de blâme, flétrissures et autres plus graves, si le cas y échet,

» Ordonne que le présent arrêt sera, à la diligence du peuple, imprimé, affiché, publié partout où besoin sera. »

Il le fut à Rennes, à Saint-Malo et à Nantes presque simultanément.

11 JANVIER

1790

Les députés de Nantes étaient accablés de lettres de leurs commettants.

Voici l'avis qu'à ce sujet les députés portèrent à la connaissance de leurs concitoyens :

AVIS

MM. les députés de la Sénéchaussée de Nantes ont l'honneur de prévenir la généralité de leurs concitoyens que le nombre de lettres journellement adressées soit à la députation collectivement, soit à chacun de ses membres en particulier, est si prodigieux qu'il leur devient impossible de répondre à toutes, quoiqu'il n'en soit aucune qu'ils ne prennent, comme ils le doivent, en la plus grande considération.

Ils prient les personnes qui ne voudront écrire qu'à l'un ou l'autre d'entre eux pour affaires publiques ou relatives à leur mission, de mettre ces lettres particulières sous l'enveloppe et adresse commune ci-après, afin d'éviter les frais de port, dont l'adresse commune est seule franche, et qui ont monté jusqu'à ce jour à des sommes vraiment étonnantes.

A MM. les Députés de la Sénéchaussée de Nantes à l'Assemblée Nationale, n° 120, rue de Bourbon, faubourg Saint-Germain, Paris.

12 JANVIER

1790

Les députés de Nantes adressent à leurs commettants une longue lettre dans laquelle ils rappellent les travaux accomplis dans l'année 1789 par l'Assemblée constituante et la part qu'ils y ont prise.

Cette lettre qui constitue un véritable compte-rendu du mandat législatif, se termine par cette curieuse formule de salutation : « Nous sommes, avec un *tendre* et continuel dévouement, messieurs et chers concitoyens, vos très humbles serviteurs, les députés de la sénéchaussée de Nantes à l'Assemblée nationale. »

Ce compte-rendu fut, dit Mellinet, commenté à loisir dans toutes les chambres de lecture de la ville de Nantes, qui en comptait alors neuf (y en a-t-il autant aujourd'hui ?) dont quatre avaient déjà pris le nom de club.

Le politique était la grande ou pour mieux dire la seule occupation dans ces réunions où les affaires publiques se discutaient alors avec passion.

1791

Le curé de Rezé s'insurge en chaire contre le serment civique exigé par la Constitution civile du clergé de tous les ecclésiastiques. On raconte de lui le trait suivant :

Un de ses paroissiens devait marier sa fille à quelque temps de là. Le curé s'en fut le trouver et, tout en lui annonçant qu'il allait quitter la paroisse, il ajouta :

— Si tu veux que le mariage de ta fille soit légitime, marie-la avant mon départ. Si elle était mariée par celui qui me remplacera, elle vivrait en adultère et en concubinage.

Effrayé, le paysan courut sur le champ commander le repas de noce et se hâta de marier sa fille.

Ce n'était là qu'une des moindres résistances du clergé à la nouvelle Constitution civile, mais il était bon de la signaler, ne fût-ce que pour prouver que, depuis, le clergé n'a rien appris et n'a rien oublié.

14 JANVIER

1791

La municipalité de Nantes arrête de dénoncer aux juges du tribunal du district l'écrit signé C. E., évêque de Nantes et celui qui l'accompagne, signé Jean-René, évêque de Boulogne, comme « séditieux et attentatoires aux droits de la nation et aux décrets de l'assemblée nationale. »

Défense est faite à tous curés et vicaires, religieux et autres fonctionnaires ecclésiastiques de le publier, sous peine d'être poursuivis comme « perturbateurs du repos public. »

Ce factum attaquait violemment la nouvelle constitution civile du clergé. L'évêque de Nantes, M. de La Laurencie, était d'ailleurs à ce moment absent sans congé de son diocèse, et telle était l'irritation provoquée par son attitude hostile que la ville requit, à un moment donné, le colonel du régiment de Rohan « de tenir toujours 200 hommes
» de son régiment en état de prendre les
» armes au premier ordre, jusqu'à ce que la
» Constitution civile du clergé fût solide-
» ment établie à Nantes. »

15 JANVIER

1790

Pacte fédératif de Pontivy.

Cent quarante jeunes gens délégués par 80 villes et bourgs de Bretagne et d'Anjou se réunissent à Pontivy le 15 janvier 1790 pour y former le pacte fédératif resté fameux sous ce nom.

Ils prêtèrent, quelques jours plus tard, aux cris de : Vive la nation ! vive l'assemblée nationale ! vive le roi ! le serment suivant :

Nous jurons par l'honneur, sur l'autel de la patrie, en présence du Dieu des armées, amour au père des Français ; nous jurons de rester à jamais unis par les liens de la plus étroite fraternité ; nous jurons de combattre les ennemis de la Révolution, de maintenir les droits de l'homme et du citoyen, de soutenir la nouvelle constitution du royaume et de prendre au premier signal de danger, pour cri de ralliement de nos phalanges armées : *Vivre libres ou mourir !*

Nantes n'était pas représenté à ce pacte fédératif.

On y distinguait trois futurs conventionnels, Blad de Brest, Choudieu d'Angers, Lequinio de Rhuys. Guépin, le père du regretté docteur, était député pour la ville de Pontivy.

16 JANVIER

1793

La Convention se prononce sur la peine encourue par Louis XVI pour conspiration contre la sûreté de l'Etat.

Voici le vote des députés de la Loire-Inférieure :

Méaulle : — La mort.

Lefebvre : — La réclusion et la déportation.

Etienne Chaillou : — La réclusion pendant la guerre, le bannissement à la paix.

Jarry : — La réclusion jusqu'à la paix, le bannissement perpétuel, lorsque le gouvernement républicain sera solidement établi.

F. Mellinet père : — La réclusion pendant la guerre, le bannissement à la paix.

Coustard : — Le bannissement après la guerre.

Villers : — La mort.

Fouché : — La mort.

Fouché devait plus tard devenir préfet de police sous Louis XVIII.

17 JANVIER

1789

La suspension de la navigation pendant la saison des glaces avait entraîné une excessive rareté du bois de chauffage. Il n'y avait alors à Nantes que 10 cordes de bois, 40 cotrets, 27,000 fagots à 24 livres le mille ; 12,600 petits fagots à 13 livres le cent : ce qui formait pour une ville comme Nantes un approvisionnement à peu près nul.

A la date du 17 janvier, le bureau de ville chargea son procureur à la cour de Parlement de présenter de suite requête, afin d'obtenir pour la ville permission de faire exploiter du bois dans un lieu à sa portée.

C'était le bois de La Haye que venait d'acquérir M. Libault.

Nous avons fait quelques progrès de ce chef depuis cent ans !

18 JANVIER

1794

(29 nivôse an II)

Un Nantais, du nom de Pouzin, officier du 5e régiment d'infanterie, en garnison à Bergues, écrit à la Société républicaine de Vincent-la Montagne, séant à Nantes, pour lui annoncer la capture par un capitaine de Dunes-libres (c'était le nom de Dunkerque sous la Révolution) d'un transport espagnol, chargé de 7 à 800,000 piastres destinées à la solde des troupes.

Comme cette nouvelle, dit l'auteur de la lettre, ne doit pas affliger de véritables républicains, je me suis empressé de te la faire savoir, afin que tu en instruises la Société des Sans Culottes de Nantes.

1792

L'Assemblée coloniale du Cap (Saint-Domingue) reçoit l'adresse des citoyens de Nantes au Roi, lui annonçant le départ des secours en vivres, armes et munitions. C'était le fruit d'une souscription ouverte à Nantes, qui entretenait des relations commerciales des plus suivies avec Saint-Domingue, aussitôt la connaissance des désastres de cette colonie.

Cette nouvelle fut accueillie par des cris d'allégresse et des larmes de joie.

M. de Cadusch propose d'inviter à la séance du lendemain le capitaine Pillet, porteur de la nouvelle, et tous les autres capitaines nantais, mouillés dans la rade, pour recevoir publiquement de la colonie tout entière, par l'organe de ses représentants, le témoignage de sa reconnaissance.

Une adresse de remerciements aux braves et généreux Nantais fut aussi décidée.

Le lendemain, 20, une chaleureuse réception fut faite aux Nantais dans la salle de l'Assemblée coloniale.

Les secours pour Saint-Domingue partirent quelques semaines plus tard. Beaucoup de Nantais y allèrent, mais beaucoup n'en revinrent pas.

20 JANVIER

1794

(1er pluviose an III)

Entrée en Loire du navire les *Deux-Frères*, du port de Nantes, capitaine Quirouard, armé de 22 canons et monté par 120 hommes d'équipage, venu de Baltimore en 36 jours de traversée.

Pendant qu'il allait de Port-au-Prince au Cap (Saint-Domingue), il s'empara d'un gros brick hollandais, *Dolphin*, capitaine Kenutet qu'il conduisit à Baltimore. Cette prise avait une valeur de 6 à 700,000 livres.

C'était alors le beau temps de la course et les corsaires de Nantes promenaient hardiment par les mers le pavillon républicain.

1791

Le recteur de l'Université, **M. Lefebvre**, les membres des facultés de théologie, de médecine, des arts se présentent à l'assemblée du Conseil général de la commune pour y prêter serment de fidélité à la nation, à la loi et au Roi.

— L'Université, dit **M. Lefebvre**, vient remercier publiquement l'Assemblée nationale de ses importants travaux sur la constitution civile du clergé et reconnaître que le régime qui lui est prescrit est littéralement celui que le divin fondateur du christianisme lui avait assigné, et dont l'esprit d'ambition et d'intérêt l'avait détourné, au grand détriment de son institution primitive.

En répondant à cette allocution, **M. Rozier**, en l'absence du maire malade, rappela aux ecclésiastiques que cette loi ne tendait qu'à maintenir la paix dont ils sont les ministres et qu'ils ne devaient jamais perdre de vue ce devoir indispensable et sacré pour tout prêtre aimant sincèrement sa religion.

22 JANVIER

1791

Le Club des Amis de la Constitution tint, le dimanche 22 janvier, une séance publique à laquelle assistait une grande affluence de citoyens.

Le président, Anne-Pierre Coustard, demanda à l'assemblée la permission de faire prêter à sa fille Victorine le serment civique. Cette demande fut accueillie par de vifs applaudissements et, au moment où cette jeune fille levait la main, toutes les dames et demoiselles qui se trouvaient dans la salle, au nombre de quarante-sept, prêtèrent le même serment.

L'Assemblée mit à l'ordre du jour pour le dimanche suivant : « Quelle est l'influence » de l'opinion des femmes sur le civisme » des hommes ? »

La question pourrait encore être mise aujourd'hui à l'ordre du jour de quelque société d'économie politique : elle n'y serait pas déplacée.

23 JANVIER

1790

L'Assemblée Constituante, contre l'avis du comité, mais conformément à l'opinion de la majorité des députés de Bretagne, décide que la ville de Châteaubriant appartiendra au département de Nantes.

1791

A l'issue de la grand'messe, les recteurs de Saint-Nicolas, de Sainte-Croix et de St-Similien, ainsi que trois chapelains de St-Pierre, prêtent serment, en présence du 1er bataillon de la garde nationale.

« J'ai lu à tête reposée, a dit M. Lefeuvre, recteur de Saint-Nicolas, la constitution civile du clergé qui occasionne tant d'inquiétudes et une si grande fermentation. J'ai parcouru avec attention la plupart des écrits répandus pour la combattre, et je vous avouerai, d'après le plus mûr examen, que je ne trouve dans cette loi aucune disposition qui soit contraire aux dogmes de la foi, aux principes sacrés de la hiérarchie, ni même à la discipline des premiers siècles de l'église universelle. »

1793

Installation du tribunal de commerce.

24 JANVIER
1791

Le département, en exécution des décrets de l'Assemblée nationale, réduit les nombreuses paroisses de Nantes et de ses faubourgs à huit paroisses et deux succursales.

C'est ce qui explique la désaffectation de certaines églises, comme celle des Jacobins par exemple, qui cessa de servir aux cérémonies du culte et dont les murailles abritent encore aujourd'hui les bureaux et les marchandises d'un négociant en drogueries.

Eu égard à ses nombreuses églises, à ses chapelles qui se multipliaient de toutes parts et dont on peut encore retrouver les traces dans les noms de certaines rues, de certaines places (place Saint-Jean, place Saint-Vincent, rue Saint-Léonard, etc.), Nantes ressemblait fort, avant la Révolution, à une ville sonnante où les cloches, toujours en mouvement, rappelaient constamment aux habitants la prédominance de l'idée monastique et religieuse.

La restauration de 1815 n'osa pas rétablir les paroisses supprimées par la Révolution et sur ce point, du moins, l'œuvre de l'Assemblée nationale fut respectée.

25 JANVIER

1790

Un député breton à l'Assemblée Nationale dévoile à un de ses amis de Nantes une manœuvre de la noblesse :

Il s'agissait pour les seigneurs féodaux de se faire demander à main armée les quittances des droits de fiefs sujets à remboursement : les milices nationales interviendraient pour rétablir l'ordre : de là conflit et guerre civile entre les gens des villes et les gens des campagnes.

Cette lettre fort curieuse et qui prévoyait bien un peu ce qui s'est passé depuis, fut publiée dans le *Journal de la Correspondance de Nantes*, n° 25 (deuxième supplément).

26 JANVIER

1794

(7 pluviôse an II)

La *Feuille maritime de Nantes*, qui paraissait tous les duodi, quartidi, sextidi et nonidi de chaque décade, sous la direction de Victor Mangin, directeur de la poste maritime (prix, 18 livres par an à Nantes et 21 liv. franche de port dans toute la République) publie l'avis suivant :

Cette Feuille est spécialement destinée à publier tout ce qui concerne le commerce, et rien n'y tient de plus près que la partie des vivres qui intéresse d'ailleurs toutes les classes de citoyens. Je crois donc ne pas m'éloigner de mon but, et me rendre utile à mes concitoyens, en publiant l'Instruction suivante sur la culture des pommes de terre, qui a été imprimée par ordre de la Convention.

Ce comestible peut se cultiver dans toutes les terres, dans tous les climats, et avec cet avantage sur beaucoup d'autres, il a encore celui d'être propre à la nourriture, sans autre apprêt que celui d'une cuisson facile.

On ne saurait donc trop propager les lumières qui peuvent en faciliter la culture.

La lecture de cette Instruction a été faite à la Société populaire de Nantes, connue sous le nom de Vincent-la-Montagne, mais la mémoire ne peut aisément fournir à tant de détails.

Suit une longue instruction sur la culture et les usages de la pomme de terre.

27 JANVIER
1791

Conscription civique et militaire.

Il serait assurément curieux de publier les décisions nombreuses, prises au début de la Révolution, par les différents cercles politiques de Nantes, surtout par le Club des Amis de la Constitution, dont le titre suffit à indiquer les tendances favorables à l'ère nouvelle.

La conscription civique et militaire était une des réformes les plus hardies tentées par l'Assemblée Nationale, puisqu'elle fut une des causes du soulèvement en Bretagne et en Vendée. C'est pourquoi il est intéressant de signaler la décision prise par le Club sur cette importante question.

Extrait des registres du Club des Amis de la Constitution.

Nous, citoyens français, résolus de vivre libres ou de mourir, nous engageons à marcher partout où le besoin de la Patrie l'exigera, aux premiers ordres de l'Assemblée Nationale.

Nantes, le 27 janvier 1791.

ANNE-PIERRE COUSTARD,
Président.

28 JANVIER

1791

Le citoyen Chanceaulme présente à la Société des Amis de la Constitution un projet de souscription que la plupart des négociants de Nantes s'empressent d'adopter. En voici le texte :

Nous soussignés, citoyens commerçants de Nantes, que l'âge ou les infirmités empêchent de suivre le parti des armes pour voler au secours de la patrie attaquée et en danger, désirant concourir à la défense commune par tous les moyens qui dépendent de nous, pour ne pas gêner ou arrêter le zèle et le patriotisme de nos enfants et autres citoyens employés dans nos affaires, nous déclarons et promettons de conserver les places et de continuer la jouissance des appointements à tous ceux qui prendront les armes pour marcher sous l'étendard de la Patrie, partout où ils seront appelés pour sa défense.

Parmi les signataires figurent les noms suivants : Nau, Bourcard, Lemasne, Mosneron, Haentjens, Bonamy, Van-Neunen et fils, Genevois, Grignon, Dobrée, Lagarde, etc.

29 JANVIER

1789

Les jeunes citoyens de Nantes volent au secours de la ville de Rennes, sous la conduite de M. Omnes-Omnibus, député des jeunes gens de Rennes, qui était venu solliciter l'aide des Nantais contre la noblesse.

Ils étaient au nombre de quatre cents, qui arrivèrent à Rennes, alors que le calme était rétabli dans les esprits, mais ils profitèrent de leur séjour pour cimenter l'union de la bourgeoisie des deux villes. La noblesse comprit qu'elle avait affaire à forte partie et elle se le tint pour dit.

Les détails de ce voyage consigné dans un *Journal de Route* qui fut condamné depuis par le Parlement de Paris, excitèrent dans toute la Bretagne un enthousiasme indescriptible qui mit en relief la générosité et la bravoure de la jeunesse nantaise.

Omnes devait son second nom d'*Omnibus* à un acte de dévouement dont il avait fait preuve en sauvant la vie à deux personnes qui se noyaient. Louis XVI lui avait fait don d'une médaille en or, avec l'inscription : *Omnes omnibus.*

Ce nom, honorable entre tous, lui resta.

30 JANVIER
1790

Conformément à l'avis du Comité de Constitution, l'Assemblée constituante décrète la division en neuf districts du département de la Loire-Inférieure :

Nantes,
Ancenis,
Châteaubriant,
Blain,
Savenay,
Clisson,
Guérande,
Paimbœuf,
Machecoul.

En rendant compte à leurs commettants de ce vote préparé par leurs soins, les députés de Nantes terminaient ainsi :

— Puissent ces opérations auxquelles les députés de Nantes ont apporté sinon un profond discernement, du moins l'esprit de justice et la plus scrupuleuse impartialité ; puissent ces opérations être agréables à tous leurs compatriotes, puissent-elles surtout accélérer les jouissances que leur promettent des administrations patriotiques, qui doivent faire le bonheur de la France, en assurant sa liberté !

31 JANVIER

1794

Voici la note des dons patriotiques déposés sur l'autel de la patrie par les citoyens de la commune de Nantes et envoyée à la Convention nationale par la Société populaire de Vincent-la-Montagne :

460 marcs d'argenterie, remis à la Monnaie de Nantes,

Plus de 20,000 chemises,

A peu près 7,000 paires de draps,

Plus de 3.000 paires de souliers,

3,000 habits complets,

Près de 3,000 matelas,

Près de 3,000 couvertures,

Plus de 100,000 livres pour les frais des opérations révolutionnaires (*sic*),

Enfin, des sommes considérables, tant pour les divers hôpitaux que pour les indigents, les familles des soldats blessés ou morts, les veuves et les parents de ceux qui ont été « victimes des brigands de la Vendée. »

1er FÉVRIER

1789

Conformément à l'arrêté royal du 20 janvier 1789, l'assemblée générale des habitants de Nantes se réunit à la mairie pour nommer quatre autres députés aux Etats de Bretagne qui doivent se tenir à Nantes. Les suffrages se portent sur MM. Giraud-Duplessix, Cottin, Jarry et Guinebauld.

Le bureau engage les nouveaux élus à se réunir à Rennes aux autres députés de la province et à persister dans les réclamations faites par les Etats les 24, 25, 26 et 27 décembre 1788. Il les autorise à délibérer sur les questions qui leur seront soumises, notamment sur les demandes du roi.

A titre de curiosité, voici le chiffre de voix qu'avaient obtenues les nouveaux élus : Giraud-Duplessix, 636 suffrages, Cottin, 668, Jarry, 638, Guinebauld, 616.

2 FÉVRIER

1791

Le citoyen Savary présente à la société des Amis de la Constitution tenant séance aux Capucins, un couple vénérable, René Degro, âgé de cent ans et trois mois, né à Cornet, diocèse d'Angers, vigneron, batelier, puis calfateur de navires à Nantes, et Perrine Trouillard, âgée de plus de cent deux ans, native de Bauner, diocèse d'Angers.

Ces deux vieillards étaient mariés depuis soixante-seize ans. Ils demeuraient à Nantes depuis 58 ans, dans la plus gr de misère, manquant de tout, obligés d'aller mendier, rapportant quelques aumônes dans leur taudis à l'Hermitage, vis-à-vis le couvent des Capucins. Ils n'avaient aucune infirmité.

Une souscription fut ouverte aux amis de la Constitution pour venir en aide à ces deux patriarches, en attendant que la communauté de ville leur fît une pension pour le reste de leurs jours.

On les habilla complètement de vêtements aux couleurs nationales et la compagnie des *Adolescents* les conduisit à la Comédie. La représentation composée du *Souper de famille* et des *Trois fermiers*, était donnée à leur bénéfice.

Degro mourut peu après : sa veuve lui survécut de quelques années.

3 FEVRIER

1794

Un ordre de Carrier, daté du 16 pluviôse an II (3 février 1794), destitue de ses fonctions d'officier municipal un brave républicain, Champenois, potier d'étain. membre de la Société populaire.

Champenois avait précédemment fait un rapport à cette Société contre l'attitude de Carrier, lui reprochant de ne pas fraterniser avec ceux qui l'avaient admis comme sociétaire et proposant, au cas où il persisterait, de le rayer de la Société.

La destitution de Champenois provoqua de la part des patriotes nantais une dénonciation qui mit fin, quelques jours après, au proconsulat de Carrier. Il n'était que temps.

Cette courageuse attitude de Champenois valut au potier d'étain une réputation bien méritée auprès de ses concitoyens, et dont le souvenir s'est conservé jusqu'à nous.

Il existe encore aujourd'hui, Basse-Grande-Rue, 24, une maison de poterie d'étain, tenue par un descendant de Champenois.

4 FÉVRIER

1790

Election des maires, officiers municipaux
et notables de Nantes, en exécution des
décrets de l'Assemblée Nationale.

Maire, M. de Kervégan.

Officiers municipaux. MM. Rozier, Dubern, Legris, Drouin de Parçai, négociants, Varsavaux, notaire, Ryedy, négociants, Clavier, procureur, Lefebvre de La
Chauvière, docteur en médecine, Laënnec
de La Renardais, docteur en médecine,
Dobrée, Lepot, Chanceaulme, négociant,
Cantin, maître en chirurgie, Pineaud, avocat, Barré, bourgeois, Fourmi père, bourgeois, Genevois, négociant.

Procureur de la Commune. M. Sauquet,
avocat

Substitut du procureur. M. Blanchard.

Notables. MM. Lecadre, ferblantier, François de La Ville, Fruchard, négociants,
Pineau, marchand de drap, Bouteiller père,
négociant, etc., etc.

Parmi les citoyens élus officiers municipaux, figuraient trois protestants. C'était
là, suivant une expression du temps, un
grand triomphe « pour la raison et la philosophie. »

5 FÉVRIER

1790

M. Giraud Duplessis, député de Nantes, rend compte de l'effet produit sur l'Assemblée nationale par le discours prononcé la veille par Louis XVI :

Nous l'interrompîmes trois fois pour battre des mains, pour crier : vive le roi ! vive l'ami de son peuple ! Des battements de mains, jadis les despotes les auraient taxés d'irrévérence, mais un roi comme Louis XVI s it entendre le langage du cœur.

Comme on le sait, après le départ du roi, chaque député fut appelé, monta à la tribune et jura fidélité à la Nation, à la Loi, au Roi.

La lettre de Giraud-Duplessis se termine ainsi :

Hier soir, tout Paris fut illuminé : sans doute, vous allez en faire autant à Nantes. Que n'étiez-vous avec nous pour prendre part à notre joie ? Que ne suis-je avec vous pour partager votre allégresse !

Ces manifestations chaleureuses ne devaient pas avoir de lendemain.

6 FÉVRIER

1794

(18 pluviôse an II)

Un arrêté du directoire du district de Nantes, en date de ce jour, invite les négociants, agents de change, capitalistes et autres à se conformer à un arrêté du Comité du Salut public du 7 nivôse, relatif aux fonds qu'ils pouvaient avoir sur l'étranger.

Les détenteurs devaient en faire la déclaration à l'administration, et lui verser, contre la valeur en assignats, les fonds libres consistant en lettres de change en portefeuille.

Tout retard, toute fraude était punie avec sévérité. Le gouvernement ajoutait qu'il prenait tous les moyens possibles pour acquitter au pair les créances légitimes que la République ou les citoyens peuvent avoir en pays étrangers autres que ceux avec lesquels la République est en guerre.

Il était défendu de prendre du papier sur l'étranger.

Le bureau était ouvert au district du primidi 21 pluviôse jusqu'au 30 suivant.

7 FÉVRIER

1789

Retour à Nantes des quatre cents jeunes Nantais, partis pour Rennes au secours de la jeunesse libérale de cette ville.

Ils rapportaient le pacte d'union cimenté à Rennes entre les jeunes citoyens du Tiers-Etat de la province de Bretagne. Ce pacte se terminait ainsi :

— Puissent les serments qui nous animent se perpétuer jusque chez les générations futures et maintenir parmi nos neveux, l'union et la concorde que nous cimentons par les serments les plus solennels !

La population s'était portée tout entière à leur rencontre et leur fit une chaleureuse ovation. Il leur fallut raconter les péripéties de leur voyage, le bon accueil reçu de la bourgeoisie rennaise, etc. : ils consignèrent le tout dans un mémoire qui fut imprimé.

Le Parlement de Paris, ne pouvant ou n'osant accuser les jeunes gens de Nantes, s'en prit à leur « Journal de route » contre lequel il prononça plus tard une sentence toute platonique d'ailleurs.

1793

Les sociétés populaires de Nantes envoient à la Convention nationale leur adhésion au jugement du roi Louis XVI.

8 FÉVRIER

1790

La nouvelle administration municipale, de Nantes, ayant à sa tête M. Kervégan, réélu maire, prête en grande pompe le serment de fidélité à la nation, à la loi, au roi. Dans son *Histoire de Nantes*, Guépin rapporte qu'un dessinateur fit le croquis de cette cérémonie. Le dessin gravé à l'eau-forte fut tiré à un grand nombre d'exemplaires. Il était déjà fort rare en 1839, date à laquelle Guépin écrivait son histoire, il ne l'est que davantage aujourd'hui.

Dans le discours qu'il prononça à cette occasion, M. Cornet, échevin, faisant les fonctions de procureur syndic, se félicita de voir « qu'on avait enfin reconnu que la dif-
» férence du culte n'en établit point entre
» les hommes et que les bons citoyens sont
» de tous les rangs, de toutes les religions. »
Il faisait allusion à l'élection de trois protestants comme officiers municipaux.

1794

Le Comité de salut public rappelle Carrier à Paris, sur le rapport de Jullien, son agent dans l'Ouest, qui, en passant par Nantes, avait pu se rendre compte de la nécessité de remplacer un homme dont les excès et les cruautés déshonoraient la République.

Carrier eut comme successeur Prieur (de la Marne).

9 FÉVRIER

1792

Un vol avait été commis au préjudice d'un acteur du nom de Beaulieu : le public voulut lui témoigner sa sympathie, en lui accordant une représentation à son bénéfice, laquelle produisit 616 livres 10 sols.

Mais Beaulieu n'accepta pas cette recette. il la partagea en deux moitiés dont il donna l'une à Ferville, le directeur du théâtre dont il voulait soulager les malheurs financiers, l'autre aux pauvres de la ville, c'est-à-dire au bureau de bienfaisance, par l'intermédiaire de la Société des Amis de la Constitution.

Pour le remercier, cette société fit insérer dans les journaux la lettre de Beaulieu qui relatait cet acte de générosité et la réponse qu'elle y avait faite :

Ami, disait-elle, ta belle âme nous est connue, tu mérites notre estime et tu l'as tout entière. Adieu : puissions-nous te revoir souvent dans cette cité ! tu y trouveras des frères et des amis.

10 FÉVRIER

1791

Ouverture de la Société des Jeunes Amis de la Constitution, siégeant aux Carmes, avec cette devise :

La vertu n'attend pas le nombre des années

MM. Giraud fils, Lavéant, écolier de « logique », Robin, Lemerle, Coustard fils, d'autres encore y prennent successivement la parole, en présence des délégués du département, du district, de la municipalité et des sociétés patriotiques de Nantes.

— C'est dans un couvent, s'est écrié Coustard fils, que se forme une école de civisme, dans un lieu que nos imbéciles ancêtres avaient consacré au fanatisme religieux et à l'oubli des devoirs si doux à remplir pour les cœurs sensibles. Ces voûtes qui jusqu'ici n'ont retenti que de préceptes austères qui flétrissaient les âmes, vont répéter les mots de *Patrie* et de *Liberté*.

11 FEVRIER
1794
(23 pluviôse an II)
Abolition de l'esclavage

Un citoyen noir, officier dans les hussards américains, en garnison à Nantes, monte à la tribune de la Société populaire de Vincent la Montagne et y témoigne, en son nom et au nom de tous ses frères, sa joie au sujet du décret qui abolit l'esclavage dans toute l'étendue du territoire français. Cet acte d'équité assure à la République le plus inviolable dévouement de la part de tous les hommes de couleur.

Cette scène attendrissante est suivie d'une autre non moins intéressante.

Le citoyen noir reçoit l'accolade fraternelle du président qui le tient quelques instants serré dans ses bras, au milieu d'applaudissements unanimes.

— Heureuse révolution, dit la *Feuille maritime de Nantes*, dans cette commune, jadis célèbre par le commerce qu'elle faisait alors de ces mêmes hommes que le triomphe de l'égalité rappelle aujourd'hui au rang de citoyen qu'ils auraient toujours dû occuper.

Sur la demande du citoyen noir, une adresse de félicitations est décrétée à la Convention nationale pour ce nouveau bienfait.

12 FÉVRIER

1790

M. de Rochecave est élu secrétaire de la mairie, aux appointements de 4,000 liv. sur lesquels il paiera son commis.

M. de Saint-Christan est nommé trésorier de la commune.

M. Crucy est nommé architecte-voyer de la ville à 3,000 liv. d'appointements, M. Demolon, architecte-adjoint à 1,500 liv.

Une somme de 6,000 liv. est mise à la disposition de M. le maire pour les dépenses que lui occasionne son emploi. M. de Kervégan refuse cette allocation et n'accepte que celle qui est nécessaire pour payer ses deux secrétaires.

13 FÉVRIER

1794

Fabrique de salpêtre

Par son décret du 14 pluviose an II, la Convention avait invité tous les citoyens à recueillir eux-mêmes le salpêtre de leùrs caves, écuries, granges et autres lieux bas des habitations, comme la principale matière qui entre dans la composition de la poudre de guerre. Ils avaient le droit de le vendre à la Régie des poudres à 24 sols la livre, afin que chacun servant la République, pùt tirer un nouveau produit de sa propriété.

La Convention avait fait adresser à toutes les municipalités une instruction destinée aux citoyens qui voulaient exploiter eux-mêmes le salpêtre.

La municipalité de Nantes la fît afficher et la Société de Vincent la Montagne en fît imprimer à ses frais cinq cents exemplaires. Les feuilles locales la reproduisirent également.

14 FÉVRIER

1790

Le Conseil général de la commune, les juges de paix, un grand nombre d'officiers des troupes nationales, les soldats et les citoyens renouvellent sur la place d'Armes le serment à la Nation, à la Loi et au Roi, aux cris de : Vive le Roi ! Vive la Constitution !

Le clergé prêta également serment.

La cérémonie fut terminé par un *Te Deum* et par un feu de joie.

— Citoyens, dit le maire au moment où le clergé prêtait serment, prêtez une oreille attentive au serment que vont prêter les ministres de notre auguste et sainte religion. Apprenez, à leur exemple, à être soumis aux décrets de l'Assemblée nationale sanctionnés par le Roi et soyons convaincus qu'en s'élevant à la dignité de prêtres, des hommes respectables n'ont pas cessé d'être citoyens.

L'abbé de Boissieu entonna alors le *Te Deum* autour du feu qu'il venait d'allumer.

L'évêque prêta serment quelques jours après devant le bureau du Conseil général de la commune.

15 FÉVRIER

1791

Première représentation à Paris par les comédiens Italiens ordinaires du Roi du *Franc Breton* ou le *Négociant de Nantes*, comédie en un acte et en vers libres par M. de Jaure, musique de Kreutzer et Solié.

Là scène se passe à Nantes.

Les acteurs étaient Solié, Grangé, Mme Desforges, Mlle Rose-Renaud et Mlle Desbrosses.

1793

Le capitaine Huble, commandant le navire l'*Amitié*, arrive de la Nouvelle-Angleterre avec une cargaison de froment.

Le conseil communal de Nantes profita de cette occasion pour manifester la fraternité que portaient les citoyens nantais à la République de la Nouvelle-Angleterre. Il décida qu'une cocarde tricolore serait offerte au capitaine Huble avec cet exergue : *La ville de Nantes au citoyen Huble.*

Ce don lui fut solennellement remis quelques jours après par le maire Baco qui profita de cette occasion pour prononcer un discours contre « la superbe Albion. »

16 FÉVRIER

1794

Carrier quitte Nantes sur l'ordre du Comité de salut public, pour rentrer à Paris. Le même jour était arrêté un de ses séides, Lamberty, qui devait deux mois plus tard, monter sur l'échafaud (voir 14 avril).

Le rappel de Carrier datait déjà de la semaine précédente, mais il avait fallu à l'ordre du Comité de salut public le temps d'arriver à Nantes et au proconsul celui d'organiser son départ.

Ce fut pour la ville un véritable soulagement.

17 FÉVRIER

1791

Le club des Amis de la Constitution reçoit M. d'Hervily, colonel du régiment de Rohan, accompagné d'officiers, de sous-officiers et même de soldats de son régiment.

En le recevant, Coustard de Massy prononça un chaleureux discours qui se terminait ainsi :

Qu'il est beau de verser son sang pour le maintien de la liberté ! On ne verra plus, à la honte de la nation, nos braves vétérans couverts de cicatrices, tendre à la pitié cette main qui, tant de fois, combattit pour la gloire de l'empire. Une vieillesse glorieuse vous attend, vous retournerez sous vos humbles toits pour allumer, par vos discours, dans le cœur des jeunes gens, le feu sacré du patriotisme et vos derniers moments seront encore employés au bonheur de votre pays.

Militaires-citoyens, n'oubliez jamais que la liberté est l'amie de l'ordre, que la loi plane sur nos têtes, que le brave homme doit s'y soumettre et que le soldat indiscipliné est désavoué par la patrie.

18 FÉVRIER

1790

Lettre de M. Cottin, député de Nantes à l'Assemblée nationale, protestant qu'il ne fait pas partie de la *Société des Amis des Noirs.*

« Quant à l'abolition de la traite des Noirs, ainsi que leur affranchissement dans les colonies, la philosophie a pu faire germer cette opinion dans l'esprit des philanthropes, les principes d'humanité ont pu égarer leur zèle, mais une opinion particulière à une société qui se fait gloire de la professer sans en avoir calculé toutes les conséquences, ne saurait être manifestée par un homme qui, honoré de votre confiance, la trahirait en renonçant au vœu que la politique réprouve et qui contrarierait si ouvertement vos intérêts, quand elle ne troublerait pas la tranquillité publique. »

M. Cottin déclare que c'est à l'acharnement de ses ennemis personnels qu'est due une calomnie « aussi atroce. »

C'était chose assez curieuse que cette attitude esclavagiste des membres du Tiers-Etat de Nantes, qui ne faisaient du reste que refléter l'opinion de leurs commettants.

19 FÉVRIER

1791

Un des représentants de la commune de Nantes, Pierre Legris, rédige et lit à la société des Amis de la Constitution un projet d'adresse contre la motion tendant à abolir la traite des noirs.

Il avait été accusé de prêcher hautement contre la traite, d'avoir une correspondance suivie avec les Amis des noirs à Paris et c'est, dit-il, pour se justifier aux yeux de ses concitoyens, qu'il rédigea ce projet d'adresse.

Legris s'efforce de démontrer que le maintien de la traite est conforme à *l'humanité* et à *l'intérêt de l'Etat.*

20 FÉVRIER

1790

Adresse du corps des Volontaires Nantais à l'Assemblée nationale.

Cette adresse se termine ainsi :

« Les Volontaires Nantais s'adressent à l'Assemblée nationale avec toute la confiance d'enfants soumis et reconnaissants, et joignant leur vœu à celui de tous les autres corps des volontaires du Royaume, ils demandent à être organisés de la même manière que le seront les gardes nationales. Le zèle dont ils ont fait preuve, le dévouement qu'ils ont montré pour la cause publique, les services qu'ils peuvent encore rendre pour maintenir la nouvelle Constitution qui a assuré le bonheur du peuple Français, tout leur est un sûr garant que leur demande sera accueillie par les Pères de la Patrie. »

Parmi les signatures, figurent celles de Coustard de Massy, commandant en chef des Volontaires Nantais, Deurbroucq, major en second, et Bataille, grenadier.

Ce dernier était le grand-père du célèbre chanteur Charles Bataille.

21 FÉVRIER

1790

Les patriotes de Châteaubriant signent une adresse de félicitation et d'adhésion aux décrets de l'Assemblée nationale, « dont les travaux assidus et salutaires sont sentis dans toutes les provinces. »

Cette adresse fait connaître qu'après la prestation du serment civique, il a été chanté un *Te Deum*. Cette adresse persuade que « si, dans bien des endroits, le peuple a commis des excès, c'est parce qu'il a été induit en erreur ; car, aussitôt que des commissaires convoqués dans les campagnes y ont paru, la paix a régné, l'ordre et la perception des impôts ont été rétablis, sans qu'on ait été obligé d'user d'aucune force pour ramener tout dans l'ordre. »

Lecture de cette adresse fut faite par M. Le Chapelier, président en l'absence de M. de Montesquiou, dans la séance du mardi 9 mars suivant.

22 FÉVRIER

1792

Première assemblée du jury d'accusation
du district de Nantes :

Si les délits qui vous sont dénoncés, dit le directeur du jury en s'adressant aux membres qui
le composaient, ne vous paraissent pas de nature à
intéresser la sûreté publique, vous devez déclarer qu'il n'y a pas lieu à accusation.

Si les délits vous paraissent mériter l'instruction d'une procédure criminelle, vous aurez un
second examen à faire ; vous aurez à examiner,
non pas si les prévenus sont coupables — cet
examen appartient au jury de jugement — mais
s'il se réunit contre eux des indices, des pré-
somptions fortes et un commencement de preu-
ves considérables qui puissent les faire présu-
mer coupables.

Si vous ne les présumez pas tels, votre déclaration sera la même que celle dont je viens de
vous parler.

Si au contraire vous les présumez coupables,
votre déclaration sera : *Oui, il y a lieu à accusation.*

En cas de partage d'opinions, votre déclaration doit être en faveur de la liberté.

Il est difficile de mieux dire.

23 FÉVRIER

1792

*Bénédiction du Drapeau des Volontaires
nationaux*

La cérémonie eut lieu entre les deux
cours, place de la Fédération, aujourd'hui
place Louis XVI. Le modèle de la Bastille
envoyé par le citoyen Palloy, y figurait sur
un brancard porté par quatre hommes. Toutes les autorités civiles et militaires y assistaient.

Le drapeau fut porté par des jeunes filles
sur l'autel de la patrie et béni par le clergé
de l'église cathédrale.

— Aimables citoyennes, s'écria le lieutenant-
colonel du bataillon, M. Josnet, je vous jure
que conduisant le drapeau pour combattre les
ennemis de la patrie, je ne reviendrai que pour
vous le présenter, percé des coups de nos ennemis et vous offrir les lauriers que les braves
volontaires vont remporter dans la guerre qui
se prépare.

Après un discours du premier vicaire
épiscopal Soulastre, le bataillon prêta serment. Les jeunes filles firent pendant la
messe une quête pour les pauvres.

24 FEVRIER 1797

(6 ventôse an V)

A cette date, le général Grigny, commandant la 12ᵉ division militaire, adresse aux ministres du culte catholique de la Loire-Inférieure, de la Vendée et des Deux-Sèvres, un appel les invitant, sous les menaces les plus sévères, à cesser leur hostilité aux lois de la République.

« Ce n'est pas le prêtre, dit-il, qui sera châtié, c'est un rebelle, un traître, un fomentateur de discorde civile. Ce n'est point au culte que je ferai la guerre : ils sont tous libres, et leur exercice paisible sera partout protégé, mais je combattrai et détruirai partout la rébellion, l'anarchie et le désordre.

» Sachez que toute mon attention, celle des généraux Travot, Digounet et Avril, celle des chefs de cantonnement, est spécialement dirigée contre vous tous »,

Cette circulaire se termine par la formule suivante :

« Salut et paix aux hommes de bonne volonté ».

25 FÉVRIER

1791

Le Corps des Garçons Perruquiers établis à Nantes adresse à la municipalité de cette ville son serment de fidélité à la Nation, à la Loi et au Roi.

Nos fers sont enfin brisés, dit l'adresse, et la patrie nous appelle aussi nous dans son sein ; nous allons jouir enfin de cette précieuse égalité qui ne met de bornes à notre industrieuse activité que celles qu'ont déterminées la vertu et le courage.

Il y avait depuis longtemps scission latente entre les garçons perruquiers, traités comme des parias, obligés, au spectacle, à s'asseoir à côté des gens de livrée, à qui tout établissement était interdit par les maîtrises et les maîtres perruquiers qui portaient l'épée et qui, approchant continuellement de la noblesse, s'identifiaient avec ses habitudes.

La protestation des garçons perruquiers devait les rendre sympathiques à la cause populaire.

Le maire les remercia de leurs sentiments patriotiques.

26 FÉVRIER

1794

Les administrateurs du district de Nantes félicitent la Convention nationale d'avoir décrété la liberté des hommes de couleur.

Le conseil décida également le changement de costume des treize gardes de ville et du trompette qui avaient conservé les anciennes couleurs nationales de Nantes.

Le port de la cocarde tricolore était rendu obligatoire, sous peine de huit jours de détention, pour les citoyens et les citoyennes.

1795

Pacte de la Jaulnais

Charette, au nom des Vendéens, et Cormatin, au nom des Chouans, signent un acte par lequel « ils déclarent aux représentants du peuple français que leur intention est de vivre désormais sous les lois de la République une et indivisible, et qu'ils s'engagent à remettre leurs armes et munitions de guerre et de bouche. »

C'est en ces termes que le général Hoche annonçait cette nouvelle à l'armée dans une proclamation datée de Nantes.

Charette fit son entrée à Nantes le 26 février. Il se rendit avec le représentant Ruelle à la Société populaire.

Toutefois, la vue de son panache blanc et de son écharpe blanche excita encore bien des colères.

27 FEVRIER

1794

(9 ventôse an II)

« Je soussigné, certifie que, dans le cou-
» rant de vendémiaire, les citoyens Louis
» Drouin et Cie, m'ont offert leurs deux
» navires, la *Sophie* et la *Confiance*, pour le
» service de la République, en manifestant
» par cette offre le plus grand désir d'être
» utiles à la patrie; et aussitôt la promulga-
» tion de la loi du 4 octobre dernier *vieux*
» *style*, qui mit tous les navires de com-
» merce en réquisition, ils sont venus me
» faire la déclaration qu'ils renonceraient,
» au profit de la République, aux 10 0{0
» par an du montant de l'estimation, accor-
» dés par la susdite loi, pour le prix du fret
» de leurs bâtiments et ils en ont signé l'en-
» gagement qui est joint à l'estimation de
» leurs navires.

» A Nantes, le 9 ventôse, l'an II de la
» République française, une et indivisible.

> » *Le chef principal des Bureaux civils*
> » *de la marine,*

> » **EVEN** »

L'estimation montait à 139,093 livres.

28 FÉVRIER

1791

Le régiment de Royal-Picardie qui passait par Nantes, fut reçu au Club de la Constitution et lé président Coustard l'accueillit par un discours de bienvenue dans lequel il prêchait toutes les vertus du citoyen à ses auditeurs.

La mode était alors aux discours de ce genre qui peuvent paraître bien emphatiques et bien démodés aujourd'hui, mais qui, au moment où s'ouvrait l'ère de la Révolution, remuaient des idées nouvelles destinées à aller droit au cœur des citoyens.

De tous les hommes qui s'étaient enthousiasmés à Nantes pour la cause de la Liberté, Coustard était peut-être celui qui, parlant avec une rare facilité d'élocution, a prononcé pendant cette période, le plus grand nombre de discours sur tous les sujets à l'ordre du jour.

1er MARS

1791

La suppression des Jurandes

La Société des Amis de la Constitution avise les syndics et jurés des communautés et jurandes de la ville de Nantes dont les priviléges venaient d'être abolis, qu'elle est prête à examiner leurs réclamations, à les discuter avec eux, etc.

Cette décision avait pour but de « déjouer les manœuvres odieuses que des hommes méchants et pervers emploient journellement, pour répandre l'inquiétude et le mécontentement parmi les citoyens jouissant ci-devant des priviléges de maîtrises, charges et offices, dénaturer l'esprit des décrets, préjuger faussement de leur application et de leur exécution. »

Il convient de reconnaître qu'à Nantes du moins les privilégiés atteints par les décrets de l'Assemblée constituante acceptèrent, sans trop de difficultés, le nouvel ordre de choses.

2 MARS

1791

Un enlèvement chez les Pénitentes de la Magdeleine

Divers particuliers, sous le nom et l'uniforme de la garde nationale de Nantes, se disant porteurs d'un ordre du Roi et de leur général, se présentèrent à la maison des Pénitentes de la Magdeleine et sommèrent la supérieure de leur remettre une des jeunes pensionnaires de cette maison ce qui fut fait.

Cet enlèvement provoqua une délibération du Conseil d'administration militaire de la garde nationale, ordonnant enquête et perquisitions afin de retrouver les coupables « qui ont abusé de la force publique, » en se couvrant de l'habit de soldat de la » Nation pour violer un asyle sacré et respectable à tous les citoyens. »

La délibération fut imprimée, affichée et notifiée à chaque compagnie de la garde nationale, mais on ne mit jamais la main sur les coupables qui n'appartenaient peut-être pas d'ailleurs à la garde nationale.

3 MARS

1790

Une protestation de M. Cottin

M. Cottin, député de Nantes à l'Assemblée nationale, déclare qu'il n'est pas et qu'il n'a jamais été de la Société des Amis des Noirs.

Quelques années plus tard, les sociétés républicaines de Nantes devaient féliciter la Convention d'avoir rendu les noirs à la liberté

1793

Cérémonie funèbre en l'honneur de Lepelletier de Saint-Fargeau

La garde nationale se rendit sur la place du Département, avec le modèle de la Bastille, la bannière fédérale, le buste en plâtre de Lepelletier et une inscription rappelant ses dernières paroles : *Je suis satisfait de verser mon sang pour la patrie, j'espère qu'il servira à consolider la liberté et l'égalité, et à faire reconnaître ses ennemis.*

Plusieurs discours furent prononcés autour de l'arbre de la liberté, et suivis d'airs patriotiques chantés sur des paroles à l'honneur de Lepelletier.

Un discours de l'évêque constitutionnel Minée provoqua l'enthousiasme populaire.

4 MARS

1792

Le président de l'Assemblée nationale annonce solennellement que le département de la Loire-Inférieure est prêt à fournir 2,000 hommes pour les frontières et que les femmes demandent des piques pour la défense de leur ville.

« On vit, dit Mellinet, une demoiselle appartenant à une des familles les plus distinguées de la bourgeoisie, marcher à la tête de ces amazones républicaines, le bonnet rouge pour coiffure et la pique pour arme. »

Le jeune duc d'Orléans, depuis roi des Français sous le nom de Louis-Philippe, qui traversa Nantes à cette époque, fut témoin de cet enthousiame.

5 MARS

1790

Le procureur de la Commune fait insérer dans le *Journal de la Correspondance de Nantes* l'avis suivant :

Tous les bons citoyens qui ont du zèle pour les intérêts de la Commune, sont invités à faire part de leurs idées au Procureur de la Commune sur le plus grand avantage et le meilleur parti qu'on pourrait tirer de la Halle neuve.

SAUQUET.

Ce serait là une idée qui pourrait être remise en honneur par les municipalités pour toutes les questions importantes à l'ordre du jour.

6 MARS

1789

Le Parlement de Paris condamne et fait brûler par la main du bourreau l'*Avis aux Parisiens*, publié en janvier précédent en Bretagne, dans un tas de onze autres brochures, la plupart relatives aux agitations de la Bretagne.

C'était notamment le *Discours de MM. les commissaires des étudiants en droit et jeunes citoyens de Bretagne à M. le comte de Thiard, commandant de la province ; Détail de ce qui s'est passé à Rennes le 26 janvier 1789 ; Discours prononcé à l'Hôtel de la Bourse dans l'assemblée des jeunes gens de Nantes; Journal de route, Nantes, 28 janvier 1789 ; Pièces intéressantes par un curé de Bretagne; Protestation et Arrêté de MM. les Etudiants de la ville d'Angers; Arrêté de MM. les membres de la Bazoche d'Angers ; Arrêté des jeunes citoyens de la ville d'Angers ; la Sentinelle du peuple,* cinq numéros.

7 MARS

1796

Arrêté municipal relatif à la police du théâtre où des désordres se renouvelaient tous les jours.

En voici les détails les plus curieux : La distribution des billets commencera à quatre heures et demie : à cinq heures, les lustres et les bougies devaient être allumés, à cinq heures et demie, lever de la toile.

Toute interpellation des artistes à l'égard du public, des spectateurs à l'égard des artistes, donnait lieu à procès-verbal. Les artistes pouvaient être séance tenante arrêtés et détenus pendant trois jours.

Les musiciens ne pourront sous aucun prétexte sortir de l'orchestre dans les entre-actes qui doivent être remplis par des airs patriotiques. C'était l'hymne de la liberté ou le *Chant du départ* ou les couplets : *Veillons au salut de l'empire.*

Les acteurs et actrices avaient des loges à droite et à gauche de l'orchestre et défense leur était faite de s'asseoir aux premières.

Quatre premières secondes loges étaient réservées aux femmes galantes, elles seules pouvaient les occuper : une cloison les séparait des autres spectateurs et une sentinelle était placée à la porte, avec la consigne d'en interdire l'entrée aux hommes.

8 MARS

1790

La viande est taxée à 7 sous 3 d. pendant le Carême.

En 1786, le droit de vendre de la viande en carême avait été adjugé à 13,500 livres.

En 1787, la boucherie de carême fut adjugée à 16,400 livres ; elle redescendit à 10,200 livres en 1788.

En 1789, elle descendit plus bas encore et fut adjugée à 7,750 livres ; la viande valait alors 8 sous la livre.

*
* *

Les Juges-Consuls viennent en cérémonie, au nom du Commerce, prêter le serment civique à la municipalité.

1792

Le tribunal criminel est installé par la municipalité.

9 MARS

1790

Prestation du serment civique au bourg des Touches par la municipalité, le clergé et les habitants.

Le curé des Touches prononce à l'issue des vêpres un discours patriotique dans lequel il se félicite de l'abolition de priviléges et de la nouvelle constitution.

Il chante un *Te Deum* et prend part à un feu de joie.

Malassis, imprimeur de la *Correspondance de Nantes*, lui adressa, à titre de félicitations, des vers dont voici le début :

> Citoyens, qui pesez dans la même balance
>   Tous les ministres des autels,
> Sachez donc aujourd'hui faire une différence
>   Entre Huet et d'autres mortels.
> Entouré des suppôts de l'aristocratie,
>   Il en méprise les dangers ;
> Il sent que les trésors qu'on destine à la vie
>   Ne sont que des biens passagers....

10 MARS

1790

L'Assemblée nationale avait rendu le 8 mars, à l'unanimité, un décret considérant les colonies françaises comme une partie de l'Empire français et les autorisant à faire connaître leurs vœux particuliers, à la charge de se conformer aux principes généraux de la Révolution.

Ce décret fut transmis à Nantes, grâce à M. Guinebaud, député à l'Assemblée nationale et MM. Mosneron frères, députés du Commerce, par un courrier extraordinaire qui arriva à Nantes le 10.

Les juges et consuls de Nantes le firent immédiatement imprimer et l'adressèrent le même jour aux comités établis au Cap, Port-au-Prince, Cayes, Saint-Louis, Léogane, Saint-Marc, la Martinique, la Guadeloupe, Sainte-Lucie et Tabago.

« On n'entend partout, disait la lettre que les cris : Vive la Nation, vive le Roi, vive les Colonies, vive le Commerce. Nous ne doutons pas que vous n'éprouviez le même sentiment. »

11 MARS

1792

L'inspecteur de la fonderie d'Indret, Thouvenot, fait tirer treize coups de mortiers d'éprouvette pour connaître la qualité des poudres destinées à l'épreuve de 416 bouches à feu prêtes à être livrées par la fonderie.

Ces coups de canon répandirent l'alarme dans le voisinage, notamment à Couëron, par leur similitude avec les signaux dont le directoire du département se servait pour prévenir les habitants des campagnes des mouvements des perturbateurs.

L'inspecteur écrivit à ce sujet au directoire pour se mettre à sa disposition et l'aider « à déjouer les projets hostiles des en- » nemis du nouvel ordre de choses et par » conséquent de la patrie. »

12 MARS
1793

Massacres à Savenay.

Les Chouans, informés que Savenay était sans défense, y pénètrent en nombre et s'y livrent à tous les excès contre les personnes et contre les propriétés.

Ils pillent plusieurs maisons de patriotes, désarment les habitants et les mettent presque tous à contribution.

Plusieurs citoyens, victimes de leur rage, ont été tués. De ce nombre Monlien, le curé constitutionnel, Chaudet, administrateur du directoire, des gendarmes, deux employés aux douanes de la commune de Lavau, qui venaient au secours de la malheureuse ville de Savenay. Plusieurs autres tels que les citoyens Clavier, juge au tribunal ; Leroux, commis de l'administration ; André, brigadier de la gendarmerie nationale ; Serieux, *enregistrateur*, et d'autres, ont été maltraités ; des femmes, à ce qu'on assure, ont été livrées à la brutalité des chouans.

Beaucoup d'autres patriotes, redoutant les excès des aristocrates, réussirent à s'évader et se réfugièrent à Nantes. Le juge de paix Brossaud qui se trouvait parmi eux, fit, le 4 avril suivant, un récit navrant de ces massacres aux administrateurs du département.

13 MARS

1790

Cent trente membres de la Chambre de lecture du *Soleil*, de Nantes écrivent à Brissot de Warville, pour se désabonner de son journal, le *Patriote français*.

Voici le texte de cette lettre :

Votre obstination, Monsieur, à faire parade d'une morale pernicieuse, vos principes désastreux pour l'abolition de la traite des noirs sans égard aux malheurs qui en seraient les suites inévitables, nous déterminent à vous déclarer l'abandon que nous vous faisons de la somme souscrite par nous pour votre *Patriote français*.

Changez ce titre, Monsieur l'ami des Noirs qui n'êtes l'ami de personne. Vous l'avez profané par une doctrine impolitique et cruelle faite pour plonger des milliers d'hommes, vos frères, dans la misère et le désespoir.

Gardez votre feuille pour vos amis les Africains, mais dispensez-vous de nous l'envoyer désormais.

Il serait curieux de connaître la réponse que Brissot de Warville n'a pas dû manquer de faire à cette lettre « des ennemis des Noirs. »

Massacres de Machecoul

Les paysans royalistes envahissent la petite ville de Machecoul, chef-lieu de district et y massacrent tous les patriotes, du 13 mars au 23 avril, jour où la colonne du général Beysser vint délivrer ceux qui avaient échappé à la fureur des assassins.

Quatre à cinq cents habitants, tant de Machecoul que des environs, périrent pendant ces tristes semaines sous la faux ou le couteau des meurtriers.

C'était le général de Charette qui commandait les bandes vendéennes, dont il ne sut ou ne voulut rien faire pour réprimer les forfaits.

Comme l'a fait à juste titre remarquer M. Dugast-Matifeux, les atrocités de Machecoul n'avaient été précédées d'aucun excès. Nul ne saurait donc les justifier en parlant de représailles, car elles étaient sans précédent de la part des républicains dans la Loire-Intérieure et la Vendée.

14 MARS

1791

Les électeurs du département procèdent au remplacement de M. de La Laurencie, évêque de Nantes, qui venait de donner sa démission. M. Minée, curé de Saint-Thomas-d'Aquin, est élu et proclamé premier évêque constitutionnel de Nantes.

Son élection fut annoncée à la ville au bruit du canon et au carillon des cloches de Saint-Pierre.

C'était le fils du docteur Minée, établi à Nantes, et qui avait pris, comme enseigne, cet apophtegme latin, inscrit au fronton de sa maison, dans un losange : *Hic de vitâ vita.* Ce qui pouvait se traduire ainsi : *Ici, l'on vit de la vie des autres.*

Cette enseigne quelque peu ironique n'empêcha pas la vogue du docteur Minée.

15 MARS

1791

Une loi de l'Assemblée nationale réduit au nombre de huit les paroisses de Nantes : Saint-Pierre, Sainte-Croix, Saint-Jacques, Saint-Nicolas, Notre-Dame, Saint-Similien, Saint-Clément, Saint-Donatien.

Les autres églises ou chapelles fort nombreuses alors dans l'étendue de la ville de Nantes, furent successivement désaffectées du service du culte, et, quand, après la Terreur, le Directoire et plus tard le premier consul rétablirent la religion catholique dans ses anciens droits, la division ecclésiastique créée par la Constituante n'en fut pas moins maintenue.

16 MARS

1789

Le roi Louis XVI donne le 16 mars 1789 des lettres pour la convocation des Etats-Généraux et particulièrement pour l'assemblée préliminaire du Tiers-Etat de la sénéchaussée de Nantes.

Ce fut un véritable soulagement pour la nation que cette réunion des Etats-Généraux qui n'avaient pas été assemblés depuis 1614, c'est-à-dire depuis 175 ans. Qu'on songe à ce qui s'était accumulé de griefs, de plaintes, de doléances contre les abus de l'ancien régime pendant cette longue période qui embrassait les règnes de Louis XIII, de Louis XIV, de Louis XV et de Louis XVI, sans que jamais que les élus du pays eussent été appelés à en délibérer !

17 MARS

1791

Lá municipalité de Nantes confie à M. Giffart Champagné, commandant l'artillerie du château de Nantes, des pièces de canon, à la condition qu'elles puissent servir à l'instruction des canonniers de la garde nationale qui désireraient partager les travaux de la compagnie des canonniers de Saint-Remy.

La Compagnie s'y engagea :

« Ces armes, dont le despotisme s'est servi autrefois, répondit-elle, pour faire trembler les ennemis de ses caprices, nous ne les tournerons désormais que contre les réfractaires des sages lois de notre heureuse constitution. Elles seront entre nos mains, la défense de nos concitoyens. Vous seuls, messieurs les officiers municipaux, vous disposerez de ces foudres guerrières, toutes les fois que la Patrie sera en danger. »

18 MARS

1791

Lettre de Julien Minée, élu évêque de Nantes, à Coustard, président de l'Assemblée électorale :

Paris, 18 mars 1791.

Monsieur,

Le vœu du corps électoral de la Loire Inférieure est pour moi la voix de la Providence. Et comment oserais-je y résister ? Je l'avouerai cependant, ce n'est pas sans combat que j'ai renoncé à une place qui comblait mes désirs.

Mais, quand ma patrie m'appelle, quand elle m'assigne un poste dans lequel elle me juge capable de lui être utile, souverainement honoré de sa confiance, ce m'est un devoir sacré de me dévouer à son service, heureux si je puis justifier l'opinion flatteuse qu'elle a conçue de moi.

Je suis, avec respect, Monsieur le Président, votre très humble et très obéissant serviteur,

MINÉE.

1790

Un règlement de la municipalité de Nantes divise la ville et les faubourgs en assemblées primaires de dix-huit cantons pour nommer des électeurs, concernant la constitution administrative de département et de districts.

Les lieux de réunion étaient : la chapelle de Miséricorde ; l'église Sainte-Elisabeth ; la salle des Variétés, au Chapeau-Rouge ; la salle d'exercice de l'Oratoire ; une des salles de la Communauté de Saint-Clément ; la chapelle de la Commanderie de Saint-Jean ; la salle de théologie des Cordeliers ; la salle de l'Université ; la chapelle de l'Hôtel-Dieu ; une des salles des Jacobins ; la chapelle de la Magdeleine ; la salle des Récollets ; les chapitraux de la paroisse Saint-Nicolas ; la salle supérieure des Halles-Neuves ; la salle de l'hôtel de la Bourse ; une des salles de la maison des Capucins ; une des salles du Sanitat ; le vestibule d'une des Salorges.

20 MARS

1790

M. Lefebvre de la Chauvière (de Nantes), président de l'assemblée de Pontivy et député par elle à l'Assemblée nationale, y donne lecture du fameux pacte fédératif, malgré l'opposition de M. de Beaunay.

Les honneurs de la séance furent accordés aux quatre délégués bretons et angevins, Lefebvre de la Chauvière, Delaunay, Legoff et Conraudin les cris de : vivent les Bretons ! vivent les Angevins ! partaient de la salle et des tribunes au milieu des applaudissements les plus bruyants. Freteau qui présidait répondit aux délégués d'une manière touchante.

L'Assemblée nationale décida l'envoi du pacte de Pontivy aux provinces pour servir de modèle. L'ivresse était à son comble et lorsqu'on voulut passer aux affaires, plusieurs députés s'y opposèrent, disant : — Il n'est pas possible de s'occuper d'affaires ; nous avons le cœur trop content.

La Société de Vincent-la-Montagne félicite la Convention du décret rendu en faveur des noirs :

« Des hommes, des frères, parce qu'ils étaient d'une couleur différente de la nôtre, languissaient dans l'esclavage, et, gémissant sous la verge de fer de l'égoïsme, toujours vil et coupable, ne fertilisaient la terre qu'en l'arrosant de leur sueur et de leur sang : l'humanité outragée vient enfin d'obtenir une juste réparation.

» Représentants du peuple français, qui, en rendant la liberté et le bonheur à nos frères nègres et mulâtres, venez de sanctionner le décret de la nature, vous avez bien mérité de la postérité. »

Mention honorable fût faite de cette adresse à la séance du 20 mars 1794 de la Convention, avec insertion au *Bulletin*.

Les hussards améticains, en garnison à Nantes, avaient rédigé une adresse analogue, en affirmant leur dévouement à la République française.

21 MARS

1790

MM. les clercs des procureurs de Nantes prêtent le serment civique à l'Hôtel-de-Ville :

Destinés, dit le discours prononcé par l'un d'eux, à devenir les organes et les dépositaires d'une Constitution dont la sagesse devient l'objet de l'admiration de l'Europe, les jeunes élèves de la judicature de la Ville de Nantes doivent particulièrement y témoigner une fidélité inviolable.

Plusieurs d'entr'eux faisaient partie des compagnies de volontaires qui s'étaient formées en ville.

Parmi les signataires figurent les noms suivants : Bonnefoy, Le Normand, Chauveau, Bongérard, Durance, Hardouin, Clériceau de la Clérissais, Baux, Garreau, Musset, Guillon, Kerguistel, Papin, Gergaud, Duteil, Terrier, Delair; Hubert, Merland, Huet, Dabin, etc.

22 MARS

1794

(2 germinal an II).

Dans la nuit du 1er au 2 germinal, les citoyens Garnet et Gouerbe, officiers à bord du bateau armé le *Patriote*, en station à Pierre-Percée, près de Mauves, se transportèrent avec six hommes de leur équipage sur la rive gauche de la Loire, pour donner la chasse aux « brigands ». Ils en arrêtèrent sept et s'emparèrent de leurs armes : Gouerbe en prit un lui-même dans sa maison et y trouva 3,510 livres tant en or qu'en argent.

Il conduisit ces brigands et leurs armes au Comité militaire de Nantes, y déposa la somme de 3,510 livres qu'il avait découverte et se contenta de demander une récompense pour son équipage.

23 MARS
1796

Prise de Charette

Le général Travot, aidé des chasseurs de la Vendée La Baudière et Mercier-Colombière, s'empare de Charette, le fameux chef vendéen, dans un bois auprès de Saint-Sulpice-le-Verdon.

Comme on le conduisait à Nantes, il voulut sonder Travot et lui dit : « Je vois bien que je ne puis rien avec les baïonnettes, mais de l'argent pourrait bien me tirer d'affaire. » Le général lui répondit : « En vous arrêtant, j'ai servi ma patrie et jamais je n'ai eu le dessein de la trahir. »

Charette dit encore à Travot :

— J'ai reçu d'Angleterre une superbe épée, elle est en nacre enrichie de dorures. Je l'ai envoyée à Paris pour y faire mettre un fourreau d'argent. Si je ne craignais pas de compromettre la personne à qui je l'ai envoyée, je vous en ferais présent. Comme mon vainqueur, vous êtes digne de la porter.

On lit dans la *Feuille Nantaise* du tridi 3 germinal an IV :

Ce soir, à la pleine mer, sera lancée à l'eau la superbe frégate la *Loire*, de 36 canons en batterie, donnée à la République par les citoyens de Nantes.

24 MARS

1793

Voici le texte du décret de la Convention nationale du 24 mars 1793, an second de la République française, portant que la ville de Nantes a bien mérité de la patrie :

La Convention nationale
Décrète que les trois corps administratifs réunis dans la ville de Nantes, la Garde nationale et tous les citoyens de cette commune ont, par leur zèle, leur courage et leur dévouement, bien mérité de la patrie.

Collationné à l'original par nous, président et secrétaires de la Convention nationale.

A Paris, ce 26 mars 1793, l'an second de la République françoise.

L.-B. GUYTON, président ; MAX. ISNARD, J.-PH. GARRAN, L.-M. REVEIL-LÈRE-LÉPAUX, J.-B. BOYER-FON-FRÈDE, secrétaires.

C'était un remerciement adressé par la Convention à la ville de Nantes, au sujet du courage qu'elle avait montré pour étouffer l'insurrection vendéenne à son début.

L'original de cette pièce a été trouvé autrefois sur la place Bretagne par M. Dugast-Matifeux qui en a fait don aux archives municipales de Nantes.

25 MARS

1793

Arrivée à Nantes du conventionnel Fouché, commissaire-extraordinaire dans les départements de Maine-et-Loire et de la Loire-Inférieure.

Il ordonne l'arrestation comme suspect de quiconque ne porte pas la cocarde nationale, la fermeture des spectacles, l'exercice quotidien des bataillons aux manœuvres de guerre, etc.

Fouché quitta Nantes deux jours après et fut remplacé par les représentants Rochegude, de Fermon et Prieur, en mission dans l'Ouest.

26 MARS

1790

Le peintre David appelé à Nantes sur une invitation spéciale de la municipalité pour y faire le portrait du maire, M. de Kervégan, destiné à décorer la grande salle de l'Hôtel-de-Ville, est officiellement reçu par le corps municipal.

Aux paroles de bienvenue qui lui furent adressées par M. Rosier, premier membre du nouveau bureau municipal, David répondit d'une voix forte en disant :

Je me suis fait un devoir de me rendre aux nobles invitations du patriotisme et de la reconnaissance, qui vont consacrer l'histoire de la plus heureuse et de la plus étonnante Révolution.

Des démonstrations enthousiastes accueillirent ces paroles.

27 MARS

1793

Prise et incendie de Pornic par les troupes royalistes

Voici comment Charette apprend cette nouvelle à Souchu, le « massacreur de Machecoul » :

Frères et amis,

Avec le secours de l'Etre-Suprême, nous avons pris Pornic dans une demi-heure. Les brigands s'étant réfugiés dans différentes maisons, d'où ils pouvaient nous faire beaucoup de mal, je ne trouvai que le feu qui pût faire sortir ces coquins de leurs cavernes. Vous me trouverez peut-être sévère dans mes expéditions, mais la nécessité est un devoir.....

Nous sommes, frères et amis, dévoués pour la bonne cause jusqu'à la mort.

Le chevalier **CHARETTE**, commandant.
Pornic, 27 mars 1793.

Ces *coquins*, dont parle la lettre de Charette, c'étaient les habitants de Pornic, bourgeois et gardes nationaux, qui défendaient leurs foyers.

28 MARS

1793

Dans la séance du 8 germinal an Ier, sur la lecture d'un rapport de Fouché et après un discours de F. Mellinet, la Convention nationale décrète que le ministre de la marine est chargé de prendre les mesures nécessaires pour préserver des invasions de l'ennemi les côtes de Bretagne et de Poitou qui paraissent menacées.

29 MARS

1796

(9 germinal an IV)

Condamnation à mort du « nommé François-Athanase Charette, âgé de 33 ans, natif de Couffé, département de la Loire-Inférieure, général en chef de l'armée dite royaliste de la Vendée ».

Le jugement déclare constant que « ledit Charette a été pris les armes à la main ; qu'il était chef des rebelles connus sous le nom de brigands de la Vendée ; qu'en cette qualité il a fomenté et dirigé la guerre civile allumée dans ce pays, en recevant les secours de l'étranger, en armes, munitions et argent, en entretenant correspondance avec les princes, les émigrés et autres ennemis de la République et en massacrant ses défenseurs. »

Le conseil militaire était composé des citoyens Jacques Gautier, chef du 4ᵉ bataillon de l'Hérault ; Maublanc, capitaine ; Gouin, lieutenant; Chenel, Tonnel, sergents; Chateau, caporal, Edelin, Détienne et Stener, soldats.

Charette fut fusillé le même jour place Viarmes et mourut avec courage.

30 MARS

1791

L'assemblée tenue dans un des bureaux de l'Hôtel-de-Ville de Nantes pour l'établissement d'une caisse patriotique destinée à l'échange des assignats, nomme comme commissaires MM. Julien Gaudin, Dobrée, Bourcard, Pimparay, Mellinet et V. Mangin:

« Ces messieurs sont chargés de recevoir les souscriptions de ceux qui voudront coopérer à un établissement aussi utile que désiré », dit l'avis publié dans le *Journal de Nantes*

1794

(10 germinal an II)

Lancement à la Basse-Indre, de la corvette de la République, la *Jacobine*.

Sur la motion du citoyen Prieur, représentant du peuple, il avait été arrêté l'avant-veille, à la Société populaire de Nantes qu'elle s'y rendrait en masse, avec les citoyens et les citoyennes qui voudraient l'accompagner, pour voir ce spectacle patriotique.

Cette proposition avait été adoptée avec enthousiasme.

31 MARS

1791

Avis administratif

La municipalité de Nantes prévient que, dans ses lettres, tant aux administrations supérieures qu'aux différents corps et aux particuliers, elle supprimera désormais, à l'exemple des autres corps administratifs, la formule qui était ci-devant en usage.

Les expressions humbles et serviles qui la composaient, doivent à jamais être ignorées d'un peuple libre.

Elle engage, par les mêmes raisons, quiconque aurait à lui écrire, à en user de la même manière, en signant uniquement son nom, sans le préambule, souvent impropre et dérisoire, de *votre très humble* ou autres semblables termes.

Le maire,

DANIEL DE KERVÉGAN.

1er AVRIL

1794

(12 germinal an II)

Arrivée à Nantes de Jean-Bon-Saint-André, représentant du peuple, envoyé par la Convention dans les départements maritimes de l'Ouest pour y surveiller les armements.

Il se présenta le lendemain à la Société populaire. Il fit, dans un chaleureux discours, le tableau de la situation actuelle de la marine française, qui ne laissait rien à désirer, pas plus comme approvisionnements et munitions que comme patriotisme et bravoure.

Il arrivait de Brest et de Lorient dont les ports étaient remplis de prises faites sur l'ennemi.

Le récit des succès de nos croisières fut accueilli avec un véritable enthousiasme. On sut gré à Jean-Bon-Saint-André de s'être embarqué pendant quelque temps à bord du vaisseau amiral la *Montagne*, témoignant ainsi de l'intérêt que la Convention portait aux équipages de la République.

2 AVRIL

1791

La mort de Mirabeau

La mort de Mirabeau inspire à des vétérans de la garde nationale de Nantes les épi-
taphes suivantes :

Français, respectez ce tombeau,
Si la liberté vous est chère ;
Vous la devez à Mirabeau :
Ici repose sa poussière.
Il fut, par son profond génie,
Du despotisme le fléau,
Des vrais citoyens le flambeau
Et le salut de la Patrie.

Autre épitaphe

Passant, qui que tu sois, en voyant ce tombeau,
Souviens-toi que celui dont il couvre la cendre,
Ayant mis au grand jour l'énergique tableau
De tes droits méconnus sut te les faire rendre,
    Avant que le fatal ciseau
Dans l'éternelle nuit l'obligeât de descendre;
Et ce digne mortel, passant, c'est Mirabeau.

Autre épitaphe

Ci-gît un digne gentilhomme
Qui, dédaignant titres et parchemins,
Sut le premier enseigner aux humains
Que le plus beau de tous est d'être vraiment
                            [homme.

3 AVRIL

1796

(14 germinal an IV)

Armée des côtes de l'Océan

Le Conseil militaire, présidé par Jacques Gautier, chef du 4e bataillon de l'Hérault, condamne à mort le nommé René Gogué, prêtre, ci-devant aumônier de l'armée royale et catholique de la Vendée.

Gogué avait entretenu par écrit une correspondance criminelle, après sa soumission aux lois de la République, avec Charette, « en instigant et embauchant les habitants, en les engageant à aller rejoindre ledit Charette. Il avait voulu réorganiser la guerre civile et par là faire massacrer les défenseurs de la République en soulevant contre eux les paisibles habitants des campagnes. »

Une lettre écrite par lui à Charette le 3 mars 1796, fut imprimée à la suite de son jugement.

4 AVRIL

1789

L'Assemblée générale du Tiers-Etat de la ville de Nantes se réunit à l'Hôtel-de Ville le samedi 4 avril 1789, à 8 heures du matin, pour y rédiger le cahier des plaintes, doléances et demandes et y nommer les cinquante députés à l'Assemblée générale du Tiers Etat de la sénéchaussée de Nantes.

Les dix premiers élus furent Giraud, Cottin, Baco, Coustard de Massy, Jarry, Videment, Chanceaulme, Pellerin, Delaville, Kervégan.

En même temps, une assemblée diocésaine vint faire la contre-partie de l'assemblée communale, en rédigeant le cahier de ses doléances aux Etats-Généraux.

5 AVRIL

1793

Le Comité Central des trois corps administratifs de la Ville de Nantes, « considérant que les citoyens désirent être instruits des événements qui se passent autour d'eux, arrête, dans sa séance du 5 avril 1793, qu'on publiera un *bulletin* de ce qui se passera de plus intéressant, en ayant soin de ne pas parler des opérations projetées que la publicité pourrait faire avorter. »

Ce Bulletin parut. La collection complète renferme une centaine de numéros, à partir du 5 avril jusque vers le mois d'août suivant.

1795

Le citoyen Dutilh, adjudant-général de brigade, fait arrêter un jeune homme nommé Vaudoré, se disant aide-de-camp « du citoyen Charette » (c'est ainsi que l'appelle le comité dans sa lettre aux représentants du peuple), pour avoir bu, dans un café, à la santé du roi *huit et neuf.*

Huit et neuf, dix-sept. C'est ainsi qu'on appelait Louis XVII.

Il fut gardé provisoisement en prison et sans doute relâché peu après. Rien n'indique qu'il fût autrement puni de ce cri séditieux, et qui donne la mesure de l'audace de certains royalistes, en face de la tolérance républicaine d'alors.

6 AVRIL

1793

Le Conseil communal fait publier dans toute la ville, aux acclamations populaires, le décret de la Convention nationale qui déclarait que Dumouriez, traître à la patrie, était mis hors la loi et autorisait tout citoyen à lui courir sus, en promettant une récompense de 300,000 livres et les couronnes civiques à ceux qui s'en assureraient et le conduiraient à Paris mort ou vif.

1796

Proclamation du général Hoche, datée du quartier général à Rennes, aux habitants des départements de la Loire-Inférieure, de la Vendée, des deux-Sèvres et de Maine-et-Loire.

7 AVRIL

1794

(18 germinal an II)

Entrée à Paimbœuf de deux prises anglaises : l'une est un navire de 220 tonneaux, armé de 6 canons et monté par 14 hommes d'équipage, à destination de la Jamaïque, avec une cargaison assez importante.

Le navire *capteur* était la frégate la *Tribune* : les prisonniers qui avaient conservé quelques armes en les cachant, avaient formé le projet d'égorger l'équipage de la *Tribune*, mais leur complot fut découvert et déjoué.

L'autre prise, faite par la frégate ci-devant anglaise la *Tamise*, était un petit corsaire de 14 canons.

Une autre prise anglaise, chargée de 450 barriques de charbon de terre, avait été envoyée avec un convoi, de la station de Brest en Loire, à destination de la fonderie d'Indret.

8 AVRIL

1793

Nombre de voies publiques avaient changé de nom depuis la Révolution. Il n'est pas sans intérêt de signaler quelques-uns de ces changements qui portent la marque de l'époque :

Cours Saint-André	Cours de la Fédération.
Pont Belle-Croix	Pont d'Orient.
Rue du Calvaire	Rue Galilée.
Rue des Carmes	Rue Fontenelle.
Rue Sainte-Claire	Rue Fénelon.
Rue Dauphine	Rue J.-J. Rousseau.
Rue Dos-d'Ane	Rue Caton.
Cours des Etats	Cours de la Liberté.
Rue de l'Eperon	Rue Scévola.
Rue de l'Evêché	Rue Cérutti.
Quai Flesselles	Quai des Gardes-Françaises.
Rue des Fumiers	Rue Marmontel.
Rue Goyon	Rue Crébillon
Rue Haute-du-Château	Rue Abeilard.
Quai Maison-Rouge	Quai Moncalm.
Rue du Merle-Blanc	Rue Boileau.
Rue Mercœur	Rue Van Dyck.
Rue des Petits-Murs	Rue Beaurepaire.
Rue des Récollets	Rue Grotius.
Rue Rohan	Rue Desilles.
Rue Royale	Rue du Peuple-Français

9 AVRIL

1790

Une demoiselle Moulin, religieuse du couvent de la Regrippière, renfermée jadis par
lettre de cachet, au couvent du Petit Fon-
tevrault, à La Flèche, adresse, du fond de
son tombeau, à la municipalité de Nantes,
une déclaration par laquelle elle demande
à rentrer dans la société des vivants. Cette
pièce, qu'accompagnait une lettre très curieuse sur le raffinement des moyens que
les doyennes emploient partout pour arrêter
la desertion, a été renvoyée et recomman-
dée à la municipalité de La Flèche.

(Journal de la Correspondance de Nantes :
supplément au n° 21.)

10 AVRIL

1791

Inauguration du pavillon national

Les troupes de la garnison étaient toutes rangées sur le quai de la Fosse. Après un discours du maire Kervégan et sur un signal donné, le navire *Cerbère,* où la messe avait été célébrée, reçut un baptême nouveau et s'appela le *Mirabeau.* Il amena le pavillon blanc et le remplaça par le pavillon tricolore. A ce moment, toute la rade exécuta la même manœuvre aux cris répétés de : Vive la nation ! vive le roi ! vive la Liberté !

Le colonel du régiment de Rohan qui avait refusé de crier : Vive la nation ! reçut le lendemain un passe-port de la mairie avec ordre de quitter Nantes sans délai.

1794

Le général Beysser, un des défenseurs de Nantes contre les chouans, est guillotiné à Paris, à l'âge de quarante ans.

11 AVRIL

1790

Coustard de Massy, chevalier de Saint-Louis, colonel des volontaires nantais, est élu président de l'assemblée générale des électeurs de la Loire-Inférieure à la très grande majorité absolue des suffrages.

M. Papin, avocat à Ancenis, est élu secrétai e.

Sont élus scrutateurs : MM. Benoiston de la Serpaudière, avocat à Savenay ; Maupassant, commandant de la garde nationale à Nort et Cornet, négociant à Nantes.

L'assemblée adresse son premier hommage aux membres de l'Assemblée nationale et envoie également une adresse au roi.

1791

Une cérémonie funèbre a lieu à l'église Saint-Pierre en l'honneur de Mirabeau, « le libérateur de la Nation française » Les gardes nationales et beaucoup de citoyens y assistaient.

Le 13 avril, les habitants de la paroisse des Touches firent également célébrer par Huet, recteur, un service à la mémoire d'un « aussi grand homme ».

Un discours funèbre fut également prononcé le même jour par M. Josseaume, membre des amis de la Constitution, dans l'église paroissiale de Saint-Louis de Paimbœuf.

12 AVRIL

1793

Tribunal de Cassation (12 avril.)

Un tribunal ne peut pas prononcer une amende contre un prévenu convaincu par le jury d'avoir inspiré, par ses propos, à deux époux de l'aversion pour leur mariage célébré par un prêtre assermenté, et d'avoir troublé entre eux la paix du ménage, ces faits n'étant punis par aucune loi. L. 19 juill. 1791.

VEUVE GUIMARÉEL C. MINISTÈRE PUBLIC.

Le jury, en déclarant constant les faits énoncés dans la proposition qui précède, avait aussi déclaré que les propos n'avaient pas été tenus dans le dessein de troubler l'ordre public. — Cependant la veuve Guimaréel fut condamnée à 600 liv. d'amende et aux dépens. Demande en cassation.

Du 12 avr. 1793, jugem. trib. cass., sect. cass. ; les cit. Lecointe, prés. d'âge, Thouret, rapp.

LE TRIBUNAL — CASSE le jugement rendu par le trib. crim. de la Loire Inférieure, le 17 janv. dernier, contre la veuve Guimaréel, pour fausse application de la peine, parce qu'il a été prononcé une peine de police correctionnelle pour un fait qui, tel qu'il est déclaré par le jury, n'est compris dans aucune disposition de la loi du 22 juil. 1791 sur la police correction., ce qui est une contravention à cette loi ; — Renvoie, etc.

13 AVRIL

1794

Interrogatoire devant Bachelier, membre du Comité révolutionnaire de Nantes, de Mme veuve de Chevigné, de Bois-Cholet, ex-noble, âgée de 77 ans, détenue au Bon-Pasteur avec sa plus jeune fille, Mme Espivent de la Ville-Boisnet.

A cette question : « Qu'avez-vous fait, depuis 1789, pour prouver votre attachement à la Révolution, elle répondit qu'elle et feu son mari étant fort âgés n'avaient pu que se conformer aux lois. « Ils avaient été, dit-elle, les premiers à effacer les armoiries sur leurs voitures et à supprimer la livrée de leurs domestiques. »

Mmes de Chevigné et Espivent furent rendues à la liberté en vertu de l'amnistie de la Convention nationale qui signalait ainsi son dernier triomphe sur le royalisme.

14 AVRIL

1794

La commission militaire révolutionnaire établie au Mans, mais séant à Nantes, condamne à mort Fouquet, magasinier, et Lamberty, carrossier, tous deux adjudants généraux, qui avaient été les complices des noyades et autres horreurs reprochées à Carrier.

Ils étaient accusés d'avoir favorisé l'évasion d'une ci-devant noble, la femme Giroust de Marcilly, condamnée à mort et de quelques autres femmes contre-révolutionnaires, en mettant à prix la vie de leurs victimes qui ne pouvaient espérer se sauver qu'en cédant à leurs brutales passions.

15 AVRIL

1790

Couplets à M. L..., volontaire nantais, lors de son départ de Bordeaux où il avait séjourné.

Quoi ! vous quittez, brave Nantais,
Vos camarades Bordelais !
    C'est ce qui me désole (*bis*).
Mais vous avez vu que, chez nous,
On est citoyen comme vous.
    C'est ce qui nous console (*bis*).

Où sont-ils dans ces doux instants
Pour juger de nos sentiments ?
    L'éloignement désole (*bis*)
Le cœur nous en rapprochera,
Notre ami les en instruira,
    C'est ce qui nous console (*bis*).

Si, par quelque malentendu,
Parfois l'accord est suspendu,
    C'est là ce qui désole (*bis*).
Mais, quand, par un lien commun,
Loire et Garonne ne font qu'un
    De tout on se console (*bis*).

A la santé de l'Armée patriotique de Nantes.

16 AVRIL

1790

Les députés de la sénéchaussée de Nantes présentent à l'Assemblée Nationale une adresse patriotique des électeurs du département de la Loire-Inférieure, portant adhésion formelle à tous ses decrets, ainsi que l'hommage de leurs biens et de leur vie pour le maintien de la Constitution.

L'adresse entière fut lue à la tribune de l'Assemblée Nationale qui en ordonna la transcription à son procès-verbal.

17 AVRIL

1794

Arrivée à Nantes du brick américain la *Marie*, capitaine Palmer, venu de New-Jersey en 42 jours.

Il avait à bord le général Galbaud, venu de Saint-Domingue pour rendre compte de sa conduite à la Convention nationale, et trois colons de Port-au-Prince, du Cap et de la partie Sud de Saint-Domingue, délégués par les propriétaires de cette colonie.

Le général Galbaud, qui était accompagné de sa femme, partit aussitôt pour Paris.

18 AVRIL

1791

L'évêque constitutionnel Minée se rend au club des Cordeliers où il est reçu avec un véritable enthousiasme.

M. Goudet, maitre des langues française et italienne, prononce une allocution de bienvenue dont voici un passage :

Nos temples ne seront plus les asiles de l'orgueil et de l'oisiveté ; nos autels ne fumeront plus d'un encens offert par des mains impures et sacrilèges, et les Français rendus à la liberté et à l'égalité, vont s'attacher plus encore à la religion de leurs pères, à cette religion sainte dont la morale est si belle et si consolante et avec laquelle s'accordent si parfaitement les principes qui sont la base de notre admirable Constitution.

19 AVRIL

1794

(30 germinal an II)

La Société Montagnarde de Machecoul à celle de Vincent-la-Montagne à Nantes

Frères et amis,

Les armes de la République viennent encore de triompher des brigands qui infestent une partie de son territoire ; plus de deux cents ont été exterminés dans la forêt de Princé ou dans son voisinage. Ce nouveau succès est dû au courage de nos frères d'armes : il est dû au courage constamment soutenu de plusieurs communes restées fidèles à la patrie : celle de Chozé y a surtout contribué.

Nous lui avons écrit, non pour la féliciter (des républicains qui ont rempli leur devoir, rougiraient d'attendre ou de recevoir des félicitations), mais pour proposer son exemple.

Une colonne de troupes républicaines, commandée par l'adjudant-général Aubertin, vient de parcourir une portion considérable de notre territoire ; partout elle a purgé le sol de la liberté et nulle part les brigands n'ont osé soutenir l'aspect des soldats de la patrie.

Salut républicain.

Machecoul, le 30 germinal an II de la République une et indivisible.

J. MUSSET, président ; LAHEU, secrétaire ; F. TARDIVEAU, secrétaire.

20 AVRIL

1794

On lit dans la *Feuille maritime de Nantes* :

Hier, 70 brigands et le tambour-major du scélérat Charette ont été amenés en cette commune, ainsi que douze charretées de femmes de brigands.

Il faut espérer qu'à force d'en diminuer le nombre, nous parviendrons enfin à la tranquillité

Des indications identiques, fournies par l'état-major général des armées de la République étaient fréquemment communiquées aux journaux.

C'était une manière de tenir les citoyens au courant des faits de guerre qu'il leur importait de connaître.

21 AVRIL

1790

Voici quel fut le résultat par district du dépouillement du scrutin pour la nomination des membres du département :

Nantes : MM. Drouet, général des finances ; Maupassant, commandant de la garde nationale à Nort ; Cornet, négociant à Nantes ; Huet, recteur des Touches ; Gandon, Grihault de la Motte, Leconte, avocats à Nantes ; Laragon des Buttes, juge rapporteur du point d'honneur à Guérande ; Mourain, avocat à Bourgneuf ; Deguerre de Boisjolin, ancien conseiller au présidial de Nantes.

Ancenis : MM. Papin, avocat ; Estaffel jeune et Nugent.

Châteaubriant : MM. Méaulle, Lejeune et Ernouet de la Chenellière, avocats.

Blain : MM. Fremont des Monceaux et Marie de Cetrai, avocats ; Bouvais de la Fleuriais et Louis Maillard, laboureurs.

Guérande : MM. Dufrexou, avocat ; Crespel de Kercado et Payen de Troludal.

Savenay : MM. Benoiston de la Serpaudais, Le Pelletier, avocat et Meignen de la Plumetais.

Clisson : MM. Roch, Plusquepoix, Duboueix médecin.

Machecoul : MM. Le Meignen et Reingard, avocats.

Paimbœuf : MM. David, capitaine, Joyau et Coiffé, avocats.

22 AVRIL

1792

Inauguration du bonnet rouge à l'Hôtel de Ville.

Les corps administratifs sortent à 11 heures de la mairie, le bonnet phrygien sur la tête, entourés des officiers de la garde nationale, pour se rendre à travers les rues aux Jacobins où les attendait un dîner. Des toasts nombreux, tous inspirés par les circonstances, y furent portés.

Après le banquet, le cortège se rendit au château, où le bonnet rouge fut placé sur le bastion Mercœur.

La soirée se termina au théâtre où l'on donnait le *Barbier de Séville*, de Beaumarchais, et la *Famille Patriote*, où l'un des acteurs introduisit quelques couplets d'actualité.

Le 15 avril, une cérémomie identique avait eu lieu place Graslin où la compagnie de la Révolution et le corps des vétérans avaient inauguré le bonnet phrygien.

23 AVRIL

1791

MM. Beaufranchet et Français, délégués de la ville de Nantes, sont admis à la barre de l'Assemblée Nationale pour y faire valoir les droits de la commune de Nantes. Fort endettée au moment de la Révolution, ne trouvant plus de ressources dans ses octrois qui étaient supprimés, la ville essaya de vendre ses domaines, mais sans trouver acheteur, à cause de la vente des biens nationaux qui avait lieu en même temps et qui avilissait les prix. C'est alors qu'elle s'adressa à l'Assemblée nationale pour en obtenir une indemnité et un prêt hypothéqué sur ses domaines.

A l'adresse des députés qui rappelait les sacrifices de Nantes à la nouvelle Constitution et l'abdication de sa vieille nationalité bretonne qu'elle avait remplacée par le titre de Français, le président de l'Assemblée Nationale répondit dignement et non sans habileté. Il ne promit rien et ce fut là tout ce que la députation obtint : de l'eau bénite de cour.

La cour n'existait plus ; mais l'eau bénite existait toujours.

24 AVRIL

1790

Par délibération du conseil général de la commune de Nantes, il est arrêté que la Foire nantaise se tiendra cette année à la Halle neuve.

Cette disposition épargnait aux marchands l'embarras et les frais considérables de la construction des baraques qu'ils étaient obligés d'établir dans l'ancien local.

1794

Mort à l'hospice de la Réunion, de Nantes, de Jean-Marie Benoiston, de Savenay, à l'âge de trente-huit ans, le 5 floréal an II.

Benoiston était, à la Révolution de 1789, sénéchal de Campbon, dont les Coislin étaient seigneurs chatelains ; puis il fut nommé successivement député du département de la Loire-Inférieure à l'Assemblée législative, et suppléant à la Convention nationale.

Au moment des massacres de Savenay (mars 1793), il était commissaire national dans cette ville. Sa maison fut mise au pillage par les chouans, lui-même fut désarmé, emmené par eux et c'est par un hasard dont tant d'autres patriotes ne profitèrent pas, qu'il put s'échapper, sain et sauf, des mains de ces furieux.

25 AVRIL

1794

Dans sa séance du 6 floréal an II, la commission du commerce et approvisionnements de la République a arrêté l'établissement d'une agence commerciale dans les ports de Cette, de Nantes et du Havre-Marat et a nommé, comme membres de l'agence de Nantes, les citoyens Courtois, Bridon et J.-J. Minyer.

Le bureau de l'agence était établi 75, quai Fosse, au premier étage.

Courtois, Bridon et Minyer adressèrent un chaleureux appel aux commerçants nantais pour les engager à donner un vif essor au commerce d'exportation. L'agence, de son côté, se mettait à leur disposition pour leur rendre la tâche plus facile, mais en les avertissant qu'elle « dénoncerait les malveillans qui, par leur conduite incivique, leur indifférence et leur inactivité, donneraient à leurs concitoyens l'exemple d'un lâche abandon de leur profession et de leurs travaux ordinaires, lorsque la République met en réquisition la probité, l'intelligence, les ressources et les moyens intérieurs et extérieurs du commerce. »

26 AVRIL

1790

Le R. P. Joseph d'Antrain, religieux profès du grand couvent des Capucins de la Fosse, rentre dans le monde, après avoir déposé sa déclaration aux mains de la municipalité de Nantes.

Le *Journal de la Correspondance de Nantes*, qui donne cette nouvelle dans son numéro du 28 avril, la fait suivre de deux points d'exclamation, tant elle lui semblait sans doute extraordinaire.

27 AVRIL

1792

Le corps municipal de Nantes, précédé des archers de la ville qui avaient remplacé leur ancien habit noir et blanc, dernier souvenir de la nationalité bretonne, par l'uniforme bleu des soldats de la Révolution, parcourt les rues de la cité pour y proclamer, à haute et intelligible voix, la déclaration de guerre au « roi de Bohême et de Hongrie. »

La municipalité était escortée de la cavalerie nantaise et de l'artillerie avec deux pièces de campagne, et suivie de toute la garde nationale.

Un roulement de tambours précédait dans les divers quartiers la lecture de cette proclamation faite en réponse à l'insolent manifeste de Brunswick.

Biens nationaux à vendre

Un arrêté du 28 avril 1791 du directoire du district de Paimbœuf ordonne la vente au 6 juin suivant de tous les effets mobiliers dépendant de la ci-devant *abbaye de Buzay* consistant en :

Lits de maîtres, lits de domestiques, linge de table et de lits, rideaux de croisées, armoires, commodes, glaces trumeaux, tapisseries de Flandre en soie et de laine, perse et damas jonquille, brodées en soie de couleur, sophas, bergères et fauteuils tapissés, consoles, tables de jeu, trictracs, billard, garnitures de feu, ustensiles de boulangerie, de buanderie et de jardinage, batterie de cuisine, voiture à quatre places, chaise de poste et harnais, selles de maître et de domestiques, charrettes, tombereaux et charrues, bois de charpente et tous les autres objets et meubles qui se trouvent dans la dite abbaye.

On voit que l'abbaye de Buzay rappelait un peu l'abbaye de Thélème !

29 AVRIL

1793

La Ville de Nantes, autrefois partagée en quatre quartiers principaux, formait sous la Révolution dix-huit sections qui correspondaient aux anciennes divisions suivantes :

La Fraternité	Sainte-Elisabeth.
Maupassant	Saint-Similien.
Des Agriculteurs	Miséricorde.
De la Liberté	Saint-Clément.
Des Sans-Culottes	Saint-André.
Charlier	Saint-Donatien.
Marat	Saint-Pierre.
De la Concorde	Saint-Léonard.
De la Montagne	Sainte-Croix.
Scévola	Ile Feydeau.
Beaurepaire	Vertais.
Lepelletier	Saint-Jacques.
De l'Egalite	Saint-Nicolas.
De la Halle	De la Halle.
J.-J. Rousseau	Bourse.
De la Fosse	De la Fosse.
Voltaire	Sanitat.
Brutus	L'Hermitage.

30 AVRIL

1790

Le Conseil général de la Commune arrête, à cette date, que le terrain qui renferme le Bois d'Amourette devant la Glacière et le Bon-Pasteur, d'une contenance d'environ 15,000 pieds carrés, sera vendu le 15 mai suivant, au plus offrant et dernier enchérisseur, au greffe de la municipalité.

Messieurs les adjudicataires paieront argent comptant ou en assignats, dit l'avis de du procureur de la Commune.

La vente n'eut pas lieu à la date indiquée, par suite du défaut de certaines formalités. Il y eut même le 3 août suivant une proclamation du Roi qui développait les causes du retard.

1791

Concert dans le cirque, au Chapeau-Rouge, à six heures et demie du soir.

Morceaux de harpe, par Mlles Descarsin.

Concerto de hautbois, par M. Grenet.

Symphonie concertante à clarinettes obligées, par M. Gaspard.

Grand concerto de Sterkel sur le piano-forte, par M. Mansuy fils.

Duo de forte piano et harpe, Mlle Descarsin et M. Mansuy fils.

Prix des places : premières loges, 3 livres; secondes, 1 liv. 16 sols.

Il n'y aura point de parterre.

Les personnes qui désireront se procurer d'avance des billets, en trouveront chez M. Van Stal, maître perruquier, vis-à-vis la Bourse.

1er MAI

1791

Installation de M. Minée, évêque constitutionnel de Nantes.

A cette occasion, la garde nationale et les clubs offrirent un dîner splendide aux divers corps de la garnison et aux administrateurs de la ville. L'évêque vint au banquet. A son entrée dans la salle, tous les convives se levèrent et s'associèrent au toast porté par le maire Kervégan « au di- » gne prélat qui ne veut pas séparer les » devoirs du prêtre de ceux du citoyen. »

La réponse de l'évêque, vivement ému de tant de sympathie, fut couverte d'applaudissements.

Le soir, la ville fut illuminée en son honneur.

2 MAI

1793

Les citoyens *Le* Tourneulx et Barre, délégués par la ville de Nantes, vont porter à la Convention les doléances de leurs concitoyens et font un tableau si entraînant des dangers qu'elle court et de la cruauté des chouans qu'un frémissement d'horreur accueille leur discours.

Sur la proposition de F. Mellinet, député de Nantes, la Convention rendit hommage au courage et au dévouement des administrateurs du département de la Loire-Inférieure et ordonna une enquête sur les causes qui avaient rappelé les gardes nationaux de la Meuse, de la Dordogne et de la Manche primitivement envoyés au secours de Nantes.

3 MAI

1794

(14 floréal an II)

Le 14 floréal an II, sort de la rivière de Nantes — c'est ainsi qu'on appelait la Loire — un convoi de quarante et quelques voiles escorté par les corvettes de guerre le *Jean-Bart* et le *Phénix*.

4 MAI

1790

Avis

Les administrateurs de l'Hôpital de Paimbœuf, désirant avoir un chirurgien-major
pour cet hospice, offrent 360 liv. de pension
annuelle à un homme instruit qui voudra
venir s'y fixer. Il est à observer en outre
qu'il n'y a aucun chirurgien dans la ville
et que cette circonstance est très favora-
ble pour s'y établir.

.*.

Cet avis figure dans le *Journal de la Cor-
respóndance de Naptes.*

5 MAI

1789

Ouverture des Etats Généraux à Versailles

Les députés de la sénéchaussée de Nantes sont tous présents à Versailles. Ils assistent à l'ouverture des Etats-Généraux, avec la gravité et la fermeté de résolution que comportaient les circonstances.

Bien que le peuple fût peu préparé, bien qu'il votât sous l'œil redouté de ses maîtres (les assemblées primaires du tiers devaient élire à haute voix), il avait montré un instinct très sûr, reniant le passé et nommant de dignes électeurs qui, à leur tour, élurent des députés fermes, patriotes et dévoués aux idées nouvelles.

C'était pour Nantes, Baco de La Chapelle, procureur du roi; Blin, médecin; Chaillon, avocat; Cottin, propriétaire; Giraud-Duplessis, avocat du roi; Guinebaud de Saint-Mesme, négociant; Jarry, cultivateur; Pellerin, avocat.

6 MAI

1792

Le maire annonce aux autorités et à la garnison réunies sur les Cours la déclaration de guerre au roi de Bohême et de Hongrie. Puis les officiers municipaux se mirent à parcourir la ville, s'arrêtant dans les carrefours pour annoncer la guerre à la population qui se pressait en foule autour du cortège.

Le soir, il y eut grande et patriotique émotion dans les clubs.

« A l'énergique brièveté des discours,
» dit Guépin, à la hardiesse des proposi-
» tions, les trembleurs et quelques mem-
» bres des administrations qui cherchaient
» leur avancement dans la fréquentation
» des patriotes les plus ardents, compri-
» rent qu'il était temps de se retirer pour
» n'avoir pas à partager les responsabilités
» des actes qui devaient avoir lieu. »

7 MAI

1790

Les officiers municipaux de Nantes font afficher dans tous les carrefours et lieux accoutumés la liste imprimée des citoyens de Nantes qui ont fait leur *Déclaration pour la Contribution patriotique.*

La municipalité prévenait en même temps qu'elle allait faire imprimer la liste des personnes qui n'avaient pas fait de déclaration et qui risquaient ainsi d'être taxées d'office.

8 MAI

1794

Un journal de Rouen, intitulé : les *Annales de la Révolution*, insère dans son n° 71, en faveur de Nantes, un article où il rend justice à cette vaillante commune :

Un temps viendra sans doute, et il n'est peut-être pas loin, où la République saura distinguer les traîtres que Nantes a pu contenir dans son sein, comme beaucoup d'autres villes, de la masse des républicains, esséntiellement bonne, qui ont bien su la défendre et qui, depuis le commencement de l'infernale guerre de la Vendée surtout, ont montré leur zèle et leur attachement pour la République, par des dons immenses à la patrie, un service militaire des plus rigoureux et tous les actes patriotiques enfin qui ont été en leur pouvoir.

Il était difficile de rendre justice à Nantes en meilleurs termes et de mieux distinguer entre les séides de Carrier et le reste de la population sincèrement républicaine.

9 MAI

1791

Le Directoire du département de la Loire-Inférieure sollicite de l'Assemblée nationale un décret demandant l'éloignement des curés réfractaires et autres fonctionnaires destitués des lieux où ils exerçaient jusque-là leurs fonctions, comme le seul moyen de prévenir l'effusion du sang et les horreurs d'une guerre civile et religieuse.

A cette adresse étaient joints les procès-verbaux et lettres relatifs aux prédications factieuses et aux événements qui avaient eu lieu dans le district de Challans et aux environs et jusque dans le voisinage de Nantes.

Intimement pénétré des droits de l'homme et de la liberté de chaque citoyen, dit l'adresse, ce n'est que par l'empire des circonstances et l'exemple de ce qui s'est passé dans un département voisin et même dans son propre sein, que le Directoire a pu se déterminer à prévenir une disposition que la tranquillité publique paraît rendre indispensable.

10 MAI

1791

Gigougeux, libraire-imprimeur, proteste dans les journaux contre l'accusàtion d'imprimer des libelles contraires aux décrets de l'Assemblée nationale, notamment les brochures antirévolutionnaires saisies à la communauté de Sainte-Claire.

Il n'avait pas, dit-il, d'imprimerie à cette époque et les affiches qui portaient son nom, sortaient de chez un autre imprimeur. Il sollicitait une descente de justice dans ses ateliers et magasins, pour se justifier complètement.

11 MAI

1790

Les membres du district de Nantes avaient été élus le 10 et le 11 mai 1790 dans l'assemblée électorale tenue sous la présidence de M. Joubert Ducollet.

Voici comment le district était composé :

MM. Donnet, Coiquaud, procureur, Chevy aîné, Fruneau, bourgeois, Marcé, conseiller, Paul Gerbier, négociant, Bazile, ecclésiastique, Fellonneau, avocat du roi, Sotin de la Coindière, avocat, Guesdon, notaire, Desclos aîné, négociant, Bertrand, syndic de la marine et Lefebvre de la Chauvière, procureur syndic du district.

12 MAI

1790

Des députés des gardes nationales et volontaires nantais vont à Challans, où quinze paroisses envoient également des délégués, pour prêter, ainsi que les députés de Machecoul et des Sables-d'Olonne, le serment patriotique.

1791

L'église paroissiale de Saint-Denis avait été supprimée. C'était un monument qui ne servait plus à aucun usage.

La Société des Amis de la Constitution la demanda pour y tenir ses séances et cette autorisation lui fut accordée.

13 MAI

1793

Deux citoyennes se présentent le 24 floréal an Ier au Comité central du département et lui remettent une pétition où elles exposent que « des femmes républicaines s'offrent de raccommoder gratuitement le linge et les hardes des volontaires, si l'administration veut leur indiquer un local où elles puissent décemment s'occuper à ce digne et utile travail. »

Le comité, pénétré de reconnaissance, leur vote des remerciements et met à leur disposition la grande salle voûtée de la ci-devant communauté des Jacobins.

On n'y avait fait de longtemps d'aussi patriotique ouvrage.

14 MAI

1793

Dévouement d'Haudaudine

Fait prisonnier par un parti de chouans, un négociant de Nantes, Haudaudine, dit le *Régulus Nantais*, est envoyé à Nantes pour traiter de l'échange des prisonniers vendéens. Il avait promis de revenir en cas d'échec : la vie des autres gardes nationaux prisonniers pouvait en dépendre.

Sur le refus du comité central de traiter, et bien que deux de ses compagnons, Babin et Chanier, eussent cédé aux prières des leurs en restant à Nantes, seul Haudaudine résiste à tout et retourne à Montaigu pour se livrer à ses ennemis et reprendre ses fers comme il en avait fait le serment.

Cette admirable conduite, qui surprit les chouans, ne fut pas appréciée sur le champ par les concitoyens d'Haudaudine qui y virent un acte de faiblesse et presque de lâcheté, alors qu'il a suffi depuis à immortaliser son nom, devenu synonyme de « fidélité à la foi jurée. »

Le *Moniteur universel* rendit hommage au courage et à la loyauté d'Haudaudine, qui conserva jusqu'à la fin de sa vie l'estime publique.

La Société populaire de Vincent-là-Montagne et la commune de Nantes avaient délégué deux commissaires à la Convention nationale pour répondre aux calomnies dirigées contre le patriotisme de la vaillante cité. Ils furent admis à la séance du 14 mai 1794 (25 floréal an II) et déposèrent un remarquable mémoire sur la conduite révolutionnaire de Nantes et sur ses sacrifices depuis 1788.

Sur la motion de Fouché, la Convention nationale décréta que les Nantais n'avaient pas cessé de bien mériter de la patrie. Le mémoire fut renvoyé aux comités de salut public et de sûreté générale.

Carrier, qui assistait à la séance, bien que pris personnellement à partie par le mémoire en question, n'osa pas souffler mot.

15 MAI
1790

Extrait du procès-verbal de l'Assemblée nationale du jeudi 6 mai au soir 1790 :

Délibération des Maîtres Cordonniers de la Ville de Nantes, qui fait don à la Nation d'un contrat de 6,000 livres de principal, portant 257 livres 17 sols de rente annuelle sur les tailles et des arrérages qui sont dûs depuis 1787.

Collationné à l'original par nous, secrétaires de l'Assemblée nationale,

DE LA REVELIÈRE LEPEAUX.
DE FERMON.

Une lettre de Baco, député de Nantes, à la Communauté des Maîtres Cordonniers, du 15 mai 1790, fait connaître que ce don patriotique a été accueilli par les applaudissements de l'Assemblée.

* *

Une députation des Gardes Nationales et des Volontaires de Nantes, comprenant MM. Onfroy de Bréville, capitaine-commandant, Brière et Prévost, se rend à Tours, afin d'y prêter le serment fédératif tendant à soutenir la nouvelle Constitution du royaume.

16 MAI

1791

Première assemblée publique *tenue par
la municipalité.*

Dès les premiers jours de 1791, le club
des Capucins avait demandé par voie de pétition, la publicité des séances du conseil
municipal. Il fut d'abord répondu par un
refus, mais une pétition nouvelle, plus
vive dans la forme, vint à bout des résistances de la municipalité.

En ouvrant la séance du 16 mai, M. de
Kervégan déclara qu'il serait honorable autant que flatteur pour les administrateurs
de la ville de délibérer devant leurs commettants.

« Leur présence, dit-il, augmentera nos forces
et soutiendra notre courage. Nous trouverons
toujours en eux des auditeurs bienveillants,
parce que nos délibérations ne leur présenteront
que des motifs dégagés de tout intérêt et des
vues constamment dirigées vers le bien général. »

Cette première assemblée fut très calme.
On ne traita que d'affaires administratives.

Il ne devait pas toujours en être de même
par la suite.

17 MAI
1794

Les corvettes la *Difficile*, capitaine Bértrand, et le *Fabius*, capitaine Lecour, capturent, en vue de Madère, l'*Anna*, de Liverpool, de 350 tonneaux, trois-mâts, armé de 16 canons, monté de 28 hommes et chargé d'armes, de poudre et d'eau-de-vie.

L'*Anna*, qui allait faire la traite des noirs au Galbar, est estimée, comme prise, 300,000 liv.

Cette prise a donné lieu à l'incident suivant:

Un matelot anglais, nommé John Williams, précédemment pris sur un navire de son pays, avait déclaré accepter la constitution française et juré de *vivre libre ou mourir*. Il fut de ceux qui avaient été choisis pour amariner la prise. Mais, à peine rendu à bord du négrier anglais, ce matelot saisit le moment où le citoyen Bricard, capitaine de prise, était seul dans sa chambre et le frappa de deux coups de couteau, mais celui-ci ne perdit pas le courage avec son sang. Il arrêta lui-même son meurtrier, appela au secours et le fit mettre aux fers.

L'intention de ce matelot était sans doute de s'emparer de la prise et de la reconduire en Angleterre. Il fut arrêté, conduit à Nantes et livré à la justice.

Les blessures du citoyen Bricard n'étaient pas dangereuses.

(Feuille maritime de Nantes du 4
prairial an II).

18 MAI

1793

Volney à Nantes

Volney, ancien député à la Constituante, vient en mission à Nantes « pour prendre, au nom du pouvoir exécutif, des renseignements sur l'agriculture, le commerce et les arts, à l'effet de connaître les moyens de les faire fleurir et prospérer dans le département de la Loire-Inférieure » (Extrait de sa commission dont copie a été conservée au registre municipal).

Il fit au sein du conseil communal un discours qui fut très applaudi par le conseil et le public des tribunes.

Volney, qui avait fait ses études à Ancenis et à Angers, est le fameux auteur des *Ruines* où il se posa, comme il l'avait fait à la Constituante, en défenseur résolu des libertés publiques et en adversaire non moins résolu du clergé et en général de tous les cultes.

Il avait publié en 1793 un *Catéchisme du Citoyen français*, petit manuel resté un des meilleurs livres de l'époque et qui constitue un excellent traité de morale.

1793

Arrivée à Nantes des représentants du peuple Merlin (de Douai), Sevestre, Gillet et Cavaignac.

Ces quatre représentants du peuple dont deux sont restés célèbres, le jurisconsulte Merlin et Cavaignac, père de Godefroy Cavaignac et du général qui fut en 1848 chef du pouvoir exécutif, n'étaient pas arrivés sans encombre à Nantes. Ils avaient été retenus pendant quelque temps à Ancenis, à raison de l'esprit fédéraliste qui régnait alors au chef-lieu du département.

Sevestre, député d'Ille-et-Vilaine, fit à la Convention un court rapport d'une vingtaine de pages sur cette mission.

Il était né à Rennes, en 1753 : il mourut chargé d'années en 1846.

20 MAI

1790

Sur la demande de M. Lefebvre de la Chauvière, procureur syndic,

L'Administration du district de Nantes,

Considérant que la publicité des délibérations des corps administratifs est un moyen de confiance et d'instruction pour les citoyens, d'encouragement et de reconnaissance des administrateurs pour le public,

Arrête à l'unanimité

Que ses séances seront publiques et que la salle du château, où elles se tiennent, sera ouverte à tous les citoyens de l'un et l'autre sexe.

Nos lois nouvelles qui ont établi la publicité des séances du conseil général et du conseil municipal, n'ont pas encore étendu au conseil d'arrondissement, que représentait à peu près le district, avec des attributions administratives plus larges, le bénéfice de cette mesure démocratique.

21 MAI

1794

L'administration départementale ordonne que « la ci-devant église cathédrale serait affectée à la célébration des fêtes publiques et que le jeu d'orgues serait conservé pour servir à la même destination ; qu'en conséquence la municipalité de Nantes était chargée de prendre des mesures pour l'évacuation des chevaux et autres objets appartenant à l'armée. »

Jusqu'à ce moment là, la cathédrale avait servi de magasin de fourrages, de dépôt pour les canons, etc., et de grands dommages avaient été causées aux richesses artistiques et architecturales de ce monument qui dut à l'intelligence de l'architecte Mathurin Crucy de ne pas être plus cruellement détérioré, par esprit de représailles contre les menées du clergé réfractaire.

22 MAI

1790

Hôtel-de-Ville

M. Malassis, imprimeur de la *Correspondance* de Nantes, voudra bien insérer dans son prochain bulletin que les omissions faites dans les deux Listes imprimées des contributions patriotiques ne proviennent que de l'inattention des préposés à la confection de ces listes, qui se sont faites dans le bureau du receveur; que la municipalité vient de recommander à ces préposés plus d'attention et de faire promptement imprimer les noms des citoyens qui ont été omis.

Le Maire et officiers municipaux

22 mai 1790.

23 MAI

1791

On avait répandu des bruits contradictoires sur le civisme du 5e régiment de dragons, ci-devant Colonel-Général, récemment arrivé de Chartres à Nantes.

Le 23 mai 1791, le colonel Deseuïl qui le commandait, transmit au directoire du département, le certificat du département d'Eure-et-Loir constatant qu'il s'était toujours comporté à Chartres de la façon la plus irréprochable, envoyant des détachements partout où il en fallait avec célérité, prudence et circonspection.

Le directoire d'Eure-et Loir attestait en outre que la patiente fermeté de ce régiment et de ses officiers n'avait pas peu contribué à la grande tranquillité de ce département.

24 MAI 1796

On lit dans la *Feuille Nantaise* :

CABINETS DE FIGURES

Le citoyen Cazanne prévient ses concitoyens qu'il fait fait voir tous les jours les portraits de Charette et Stofflet, chefs des vendéens ; ils sont très ressemblants, ayant été moulés sur les cadavres desdits chefs. Sa demeure est rue Crébillon.

Le bruit avait couru que, pour se procurer ces modèles, Cazanne avait enlevé du lieu de sa sépulture le cadavre de Charette et l'avait transporté clandestinement chez lui, afin d'en travailler le buste. Sur l'ordre du citoyen Normand, commandant de place, une perquisition fut faite chez Cazanne, puis à la fosse même où les commissaires de police constatèrent *de visu*, après avoir fait enlever la terre qui recouvrait le cadavre, que le corps de Charette était entier, que la tête n'avait pas été séparée du tronc et que les deux coups de feu qu'il avait reçus aux seins le jour de sa mort, paraissaient encore sanguinolents.

Cazanne ne fut pas autrement inquiété et put mettre quelques jours plus tard en vente les bustes qu'il avait tirés.

25 MAI

1790

Troubles à la Foire des Enfants Nantais

Les paysans excités par des gens mal intentionnés qui avaient répandu le bruit que l'Assemblée nationale avait supprimé le droit d'entrée sur les bestiaux établi en 1785 et que la commune de Nantes l'avait maintenu et même aggravé, voulurent franchir les barrières sans payer la taxe d'octroi.

Ils provoquèrent sur le Champ de foire une véritable émeute dont la force armée put seule venir à bout.

26 MAI

1791

L'établissement des patentes.

Le directoire du département de la Loire-Inférieure ajourne au 9 juin suivant le délai imparti aux citoyens pour s'assujettir aux droits de patente pour l'exercice de leurs arts, métiers, négoces ou professions.

Un des considérants de l'arrêté dit que l'établissement de ce nouveau droit peut éprouver des retards considérables, même sans aucun esprit de fraude ou de mauvaise volonté de la part des citoyens.

La loi devait produire son effet dès le 1er avril précédent.

27 MAI

1791

Les élections à la Législative.

L'Assemblée nationale arrête que les assemblées primaires pour la nomination des nouveaux électeurs seront convoquées du 12 au 25 juin, et qu'après la réunion de ces assemblées, les électeurs seront tenus de s'assembler pour nommer la Législature.

Le tableau des députés à élire dans chaque département en attribue 8 à la Loire-Inférieure, 8 aux Côtes-du-Nord, 8 au Finistère, 10 à l'Ille-et-Vilaine, 7 au Morbihan, et 9 à la Vendée.

28 MAI

1790

Le cours des assignats.

On lit dans la *Feuille Nantaise* :

Intérêts des assignats-monnaie

A Nantes, aujourd'hui vendredi 28 mai 1790

De $\begin{cases} \text{200 liv.} & \text{14 sols 4 den.} \\ \text{300 liv. 1 liv. 1 sol 5 den.} \\ \text{1000 liv. 3 liv. 11 sols 8 den.} \end{cases}$

29 MAI

1790

L'octroi sur les bestiaux.

Conformément aux réquisitions de Sauquet, procureur de la Commune, la municipalité émet un vœu tendant à obtenir de l'Assemblée nationale la suppression absolue et perpétuelle du droit d'octroi, perçu sur les bestiaux introduits aux foires de Nantes.

Le réquisitoire du procureur constituait un exposé des motifs des plus remarquables et qui appréciait avec une réelle impartialité la cause des troubles du 25 mai et les moyens d'en prévenir le retour.

30 MAI

1790

M. Audap, procureur-syndic de la municipalité de Basse-Goulaine, prononce, à l'issue de la messe paroissiale, un discours patriotique pour engager ses concitoyens à payer les contributions établies par l'Assemblée nationale.

1790

La municipalité de Nantes adresse une lettre de félicitations au régiment de Rohan, à la garde nationale et aux volontaires nantais pour avoir contribué à rétablir l'ordre troublé à la foire du 25 mai.

Les habitants des campagnes s'étaient en effet refusés à payer le droit de 15 sols 9 deniers par bœuf, de 3 sols 3 deniers par vache, etc., établi sur les bestiaux par arrêt du Conseil d'Etat du 5 avril 1785.

Bien que ce droit fût établi depuis plusieurs années, les ennemis de l'Assemblée nationale essayèrent de lui en faire assumer toute la responsabilité.

1er JUIN

1793

Charité du commerce nantais.

La Société de commerce et d'agriculture propose de faire, pendant trois mois, un fonds de 30 à 40 mille livres pour secourir les femmes et les enfants de ceux qui se battaient contre les chouans.

Cette proposition fut acceptée.

C'était chose merveilleuse, au milieu des jours les plus difficiles, des misères les plus poignantes, que l'inépuisable esprit de charité et de solidarité dont les Nantais faisaient preuve à l'égard des familles moins fortunées dont les soutiens supportaient les fatigues et les dangers de cette lutte acharnée qui a mérité dans l'histoire le nom de la « grand' guerre ».

2 JUIN

1795

Les représentants du peuple Ruelle et Jarry, informés que « des scélérats connus sous le nom de chouans, par une suite de leur perfidie et de leur brigandage, ont attaqué à force armée un convoi de subsistances et de denrées destinées à la commune de Nantes, en interceptant la rivière d'Erdre, arrêtent que les habitants des communes où étaient les rassemblements qui ont commis ce pillage indemniseront de ces pertes les citoyens qui les auront éprouvées ».

L'administration départementale de la Loire-Inférieure avait sollicité de son côté les mesures les plus énergiques contre ceux qui, par inaction ou par action, se faisaient les complices de la chouannerie.

Les religieuses des Couëts avaient refusé de reconnaître l'évêque Minée comme évêque légitime et elles avaient déclaré qu'elles ne recevraient pas sa visite dans leur communauté.

Le directoire du département fit occuper militairement le couvent, à la demande même des religieuses qui craignaient, dit Mellinet, leurs protecteurs presque autant que leurs ennemis.

Les femmes catholiques constitutionnelles, irritées de l'attitude factieuse des religieuses, se portèrent aux Couëts, y pénétrèrent maigré les trente hommes de garde nationale et donnèrent le fouet aux disciples de sainte Françoise d'Amboise, disant en guise de moquerie qu'elles leur épargnaient la peine de se fustiger elles-mêmes.

Les religieuses hospitalières de Saint-Charles, au Sanitat, subirent les mêmes traitements.

Détail à noter, c'étaient des femmes élégantes, d'une bonne éducation, qui présidaient à cette exécution. Le clergé régulier lui-même ne soutenait que médiocrement les communautés religieuses dont il jalousait les richesses.

4 JUIN

1796

(16 prairial an IV)

Proclamation de Hoche

*Le général en chef de la garde territoriale de
la Loire-Inférieure méridionale*

Ce ne sera point en vain que les braves
qui pendant longtemps ont versé leur sang
pour défendre la patrie et la liberté, auront réclamé auprès de moi une justice que
je me plais à leur rendre. Quiconque a pu
vous désarmer et vous priver de servir la
République, n'a pas saisi l'esprit de mes
instructions, ni les ordres du gouvernement.

Braves républicains, reprenez vos armes
et allez dans vos campagnes prêcher la paix
et surveiller les méchants. Votre ami vous
y invite, votre général vous l'ordonne au
nom de la patrie qui réclame vos services ;
protégez-y toujours les personnes et les
propriétés. Que les Français trop longtemps
égarés apprennent de vous comment on
aime les lois et comment on s'y soumet.

Sous peu, je vous témoignerai de vive
voix toute l'estime que je vous porte.

L. HOCHE,
au quartier général, à Rennes.

5 JUIN

1792

A la suite des troubles qui agitaient Montoir et les environs, et sous l'empire d'une pétition signée d'habitants de Nantes, confirmée par l'avis du corps municipal et du directoire du district, le directoire départemental, craignant les effets de la fermentation qui régnait contre les prêtres, arrêta :

« Que tous les ecclésiastiques non assermentés, actuellement réunis au chef-lieu du département, seraient, sans délai, tenus de se retirer dans la maison dite de Saint-Clément, jusqu'à nouvel ordre. »

La plupart des prêtres quittèrent Nantes. Quelques ecclésiastiques insermentés, trouvés dans les rues, furent arrêtés.

Un peu plus tard, les prêtres détenus à la maison de Saint-Clément, furent transférés au Château, où ils ne séjournèrent pas bien longtemps.

6 JUIN

1791

Arrêté du directoire du département ordonnant sous trois jours la fermeture de toutes les églises ou chapelles appartenant à la nation, autres que les églises paroissiales, succursales et oratoires nationaux.

Le même arrêté enjoint aux municipalités de surveiller les curés, vicaires et prêtres non assermentés qui troubleront le culte public et de dresser procès-verbal contre eux.

Ces mesures étaient motivées par la nécessité et l'urgence de réprimer les désordres suscités journellement par le fanatisme religieux et qui devaient bientôt prendre un caractère beaucoup plus dangereux pour la constitution nouvelle.

7 JUIN

1791

La municipalité de Beaucaire avise celle de Nantes que la fameuse foire de Beaucaire se tiendra, comme par le passé, malgré les circonstances.

Les corps administratifs et les gardes nationales, dit la lettre, redoublent de zèle ; nous pouvons donc vous assurer que les négociants peuvent venir, comme de coutume, à notre foire ; leurs personnes, comme leurs marchandises, seront protégées par notre activité.

Veuillez donner toute la publicité possible à la présente.

On connaît l'importance exceptionnelle de la foire de Beaucaire où s'échangeaient des transactions entre négociants venus de tous les points de la France et de l'étranger.

8 JUIN
1790

L'abbé Latyl, supérieur du collége de Nantes et député à l'Assemblée nationale, dépose à la caisse des dons patriotiques la somme de 411 liv. 15 sols 4 deniers, provenant des épargnes prises par les élèves du collège des prêtres de l'Oratoire de Nantes, sur leurs menus plaisirs.

1794

Fête à l'Etre Suprême

Cette fête, qui remplaçait l'ancienne Fête-Dieu, fut donnée sur les cours.

Un monument où étaient réunis les attributs de l'Athéisme, du Fanatisme et de la Royauté, s'écroula, embrasé, à l'arrivée du cortège des citoyens et des citoyennes, laissant apercevoir la statue de la Sagesse.

A l'extrémité du cours, s'élève une montagne surmontée de l'arbre de la Liberté, au sommet duquel flotte une banderolle avec ces mots : *A l'Etre Suprême*

La population tout entière, ayant à sa tête les représentants du peuple, les vieillards, les citoyens blessés en combattant, prêta le serment civique, jurant guerre éternelle aux tyrans.

Puis le cortège se rendit au temple, place ci-devant Saint-Pierre où l'on chanta des hymnes appropriées au caractère de cette fête.

9 JUIN

1794

Les cloches de Saint-Pierre.

Arrêté pris par les représentants du peuple Bo et Bourbotte, en mission à Nantes, mettant à la disposition du statuaire Lamarie et sur sa demande, les plaques en cuivre des portes et les débris des cloches de la ci-devant cathédrale Saint-Pierre.

Ce bronze avait pour but de permettre à Lamarie de fondre la statue de la Liberté qui avait été substituée à celle du roi Louis XVI, et qui devait orner la colonne élevée entre les cours Saint-Pierre et Saint-André.

Le statuaire qui s'était mis au travail dans la grande salle du monastère des Cordeliers, ne parvint pas à achever l'œuvre qu'il avait entreprise, faute de fonds disponibles à cette époque tourmentée.

10 JUIN

1790

Les jeunes patriotes.

Le jeûne Hercule Coustard de Massi, commandant la compagnie des *jeunes patriotes nantais,* demande à la municipalité de l'admettre au serment civique, ainsi que ses camarades :

— Vous travaillez pour nous, messieurs, dit-il. Ce sont vos enfants qui recueilleront tout le prix de vos travaux. Nous serons libres, ô nos respectables pères, et c'est à vos lumières, c'est à votre courage que nous devrons le plus précieux des biens. Si les ennemis publics voulaient renverser vos projets, qu'ils tremblent, une nouvelle génération de patriotes s'élève dans le silence. Le ciel vous prépare des vengeurs. Nous sommes jeunes, mais chez les Bretons la haine contre les aristocrates n'attend pas le nombre des années.

11 JUIN
1794

Le premier convoi venant de l'Amérique septentrionale, comprenant 116 bâtiments de transport, plus 8 prises richement chargées, fait son entrée dans la rade de Brest.

Pas un navire n'a été pris, pas un ne s'est égaré. Seul, un navire de Nantes, le *Jeune-Anacharsis*, capitaine Papineau, a été démâté de son mât de beaupré dans un abordage avec une frégate.

L'escadre française sortie à la rencontre du convoi, avait rencontré le 13 prairial la flotte anglaise à 200 lieues dans le Sud et un terrible combat naval avait eu lieu entre les deux escadres. Les Anglais eurent trois vaisseaux coulés bas et nombre d'autres fort maltraités. L'amiral Villaret-Joyeuse commandait notre flotte. Le représentant du peuple Jean-Bon-Saint-André était, avec lui, à bord de la *Montagne* qui perdit 13 officiers sur 18 et eut plus de 200 hommes tués. La *Montagne* avait reçu 230 boulets dans son bordage,

Sur les 124 navires du convoi, il y en avait 33, plus 2 prises, qui étaient à destination de Nantes.

La nouvelle de ce succès arriva à Nantes le 27 prairial et y fut accueillie avec un enthousiasme indicible. Nantes, dit un récit du temps, semblait n'être qu'une grande famille ; on s'embrassait dans les rues.

12 JUIN

1790

Nantes et Strasbourg.

C'est à cette date qu'eut lieu à Strasbourg la fédération des gardes nationales des deux départements du Rhin. Toutes les gardes nationales de France furent invitées à s'y faire représenter. Celle de Nantes envoya ses pouvoirs à trois Nantais, les frères Dufort et Boissière, capitaines et lieutenant au régiment de Strasbourg-artillerie.

Nos frères d'armes de Strasbourg, avaient-ils écrit, désirent vivement que le nom Breton soit prononcé dans la solennité qui se prépare : ce nom seul répand la terreur dans l'âme des traîtres, c'est surtout aux frontières qu'il faut leur en imposer.

La garde nationale de Nantes ne pouvait que répondre favorablement à cette patrioque démarche.

Les représentants de Nantes avaient apporté à cette occasion un changement à leur uniforme, ils portaient un panache blanc, une ganse d'or au chapeau, une hou pette rouge, un collet bleu céleste et une hermine aux retroussis de l'habit.

13 JUIN
1790

Des dévastations avaient été commises dans le district de Paimbœuf sur plusieurs terrains empéagés et des poursuites judiciaires s'en étaient suivies contre les citoyens qui, induits en erreur, s'en étaient rendus coupables.

Sur un discours touchant de M. Lechapelier, l'Assemblée nationale ordonna la cessation des poursuites par un décret du 13 juin 1790, qui, en autorisant la municipalité de Paimbœuf à faire expertiser les dommages causés, « recommandant aux ci» toyens le respect dù aux propriétés, sauf » à eux à se pourvoir devant les tribunaux » pour les réclamations qu'ils croient être » fondés à faire. »

1794

Les représentants du peuple Bourbotte et Bo font procéder à l'arrestation des membres du Comité révolutionnaire accusés « de substituer une oppression partielle à » un despotisme général et de s'enrichir » des dépouilles de l'aristocratie. »

L'arrestation de Phelippe-Tronjolly fut ordonnée le même jour.

Le lendemain, de nombreux détenus parmi lesquels Athenas « physicien, dit l'arrêté des représentants, utile à la chose publique », furent rendus à la liberté.

14 JUIN

1790

Dans sa première séance, le département de la Loire-Inférieure vote une adresse de félicitations à l'Assemblée nationale et une adresse de respectueux hommage au roi Louis XVI.

« C'est maintenant, disait cette seconde adresse, qu'elle a le droit de se faire entendre de Votre Majesté, cette voix du Peuple qui ne lui était encore parvenue que par d'autres organes que les siens. Convenait-il à la grandeur d'une nation et à la gloire de son Roi de ne s'entretenir que par interprète ? Eh quoi ! les besoins du Peuple peuvent-ils être mieux sentis ou exprimés que par lui et ses sentiments perdent-ils de leur prix en passant par sa bouche ! Hélas, Sire, des vérités austères se présenteront sans doute à Votre Majesté, parce qu'on doit les attendre d'un peuple libre ; mais elles attireront toute son attention, dès qu'elle sera certaine que des intérêts privés ne s'y mêleront plus. »

15 JUIN

1792

Charles Exposé, fileur de coton, est condamné par le tribunal criminel de la Loire-
Inférieure à un an de prison et à une
amende de 15 livres, pour vol de deux chan-
deliers de cuivre commis dans l'église de
Rezé au préjudice des marguilliers de cette
église.

Aux termes de la loi alors en vigueur,
l'amende devait être double de la valeur des
objets volés.

Le jugement porte la signature de MM.
Dinot, Langevin, Esnoul et Gandon.

16 JUIN

1790

Installation de l'Assemblée administrative du département récemment élue.

Une cérémonie religieuse suivit la cérémonie civile. Toutes les cloches sonnaient : l'Assemblée se rendit à la cathédrale ; à la porte elle fut reçue par deux bénéficiers de l'église, leur surplis sur le bras, qui la conduisirent aux places qui lui étaient réservées.

Ces deux prêtres, du nom de Mabille et Poignaud, adressèrent à l'Assemblée départementale une patriotique allocution, où ils se qualifiaient de « citoyens prêtres » et promettaient obéissance aux Lois et à la Constitution.

Messe et *Te Deum*, rien ne manqua à la cérémonie.

L'Assemblée départementale se tenait alors aux Jacobins, non loin du cours des Etats.

1789

La garde qui accompagnait le corps de ville, le jour de la procession de la Fête-Dieu, ne le faisait pas gratis *pro Deo*. Il existe aux archives de la mairie un reçu de 18 livres, signé du caporal Metreau pour un détachement de huit hommes et un sergent.

Une somme de 8 livres avait été payée la même année aux hommes du corps des Invalides qui avaient gardé le reposoir du Pilory.

18 JUIN
1790

Proclamation des administrateurs du département de la Loire-Inférieure à leurs concitoyens, à l'ouverture de la session.

Elle parle surtout de l'abolition des dîmes et commente le décret de l'Assemblée nationale des 14 20 avril 1790, qui règlementait cette abolition.

1793

Le conventionnel Duchastel était allé rejoindre les Girondins à Caen. Il se rendit à Nantes pour activer le mouvement fédéraliste de la Bretagne. C'est de là qu'il adressa au Comité de salut public la lettre suivante :

« Nantes, 18 juin, l'an II de la République et, je l'espère, le premier de la contre-anarchie.

» Messieurs,

» Votre dessein est de me faire couper le col. Pour vous faciliter donc les moyens de me conduire à l'échafaud, je vous fais passer un imprimé que j'ai répandu avec profusion dans les départements de la ci-devant Bretagne.

» Je vous déclare qu'au lieu de me cacher je me montrerai à découvert, et que, fidèle au serment de vivre libre ou de mourir, je ne cesserai de sonner le tocsin contre les hommes qui ont usurpé la souveraineté nationale que quand je leur aurai ôté la possibilité de nuire.

» Le républicain **G.-I. DU CHASTEL**.

Duchastel fut guillotiné le 31 octobre.

19 JUIN

1794

(1er messidor an II).

Le cutter le *Courrier* et la corvette la *Musette* entrent au port de Nantes avec deux prises, le *Vry-Fries*, hollandais de 300 tonneaux, allant de Cadix à Amsterdam avec sucre, indigo, laine, peaux de bœufs et la *Segnora*, portugais, de 400 tonneaux, allant de Lisbonne à Pétersbourg, chargé de vin, de sucre et de coton.

La *Musette* prenait quelques jours après le *James*, danois, de 22 tonneaux.

20 JUIN

1791

Tremblement de terre.

Dans la nuit du 20 au 21 juin 1791, on ressent à Nantes un léger tremblement de terre, mais sans effets fâcheux.

1793

La sommation de l'armée royale.

Les commandants des Armées catholiques et royales — c'est ainsi qu'ils s'appelaient — La Roche Jacquelein, Stofflet, Cathelineau, d'Autichamps, d'Elbée, d'Hauterive, La Trémoille, etc., etc., font sommation au maire et aux officiers municipaux de Nantes de se rendre, dans une lettre qui rappelle, par son insolence, le fameux manifeste du duc de Brunswick.

Si la ville ne se rendait pas aux troupes royalistes, la garnison devait être passée au fil de l'épée.

On sait quelle réponse la ville de Nantes et son digne maire Baco firent à l'injurieuse sommation des chefs de l'armée royale.

Combat de la Louée

Le général Beysser soutient à La Louée, sur la route de Clisson, contre les rebelles un combat qui est fatal à Alexandre Coëslier, commandant le 2e bataillon de la légion de la garde nationale, à l'adjudant-major André Gattini, au capitaine Admirault.

Pas un de ces braves n'avait dépassé sa trentième année.

En voyant tomber Coëslier, Beysser, qui commandait en chef, le prend dans ses bras et le recommande à ses camarades :

— Ne t'occupe pas de moi, dit Coëslier, je meurs pour la République. Je suis content, sauve tes canons !

Toute la colonne eût peut-être succombé, sans le secours d'un détachement du 109e, arrivé de la veille à Nantes.

21 JUIN

1791

Dumouriez à Nantes

Le général Dumouriez, inspecteur général des troupes du département, et commandant la 12e division, prononce à la Société des Amis de la Constitution un discours sur l'organisation de l'armée.

Une citoyenne des tribunes, dit un journal de l'époque, a demandé à être admise au sein de l'assemblée. Introduite, elle a présenté au citoyen Dumouriez une couronne civique et lui a dit au nom de ses compagnes : « Et nous aussi, général, nous » sommes patriotes, tandis que nos maris » et nos enfants iront vaincre sous vos ordres, nos faibles mains vous tresseront » des couronnes. »

D'autres discours furent prononcés par l'aide-de-camp national Deveaux, par le commandant du 25e régiment ci-devant Poitou, par Coustard, commandant de la garde nationale de Nantes.

1790

L'administration départementale ordonne que, dans la quinzaine, les ci-devant seigneurs feraient enlever leurs bans, armoiries et titres dans les églises et chapelles, qu'ils feraient détruire les fourches patibulaires, ceps, colliers et poteaux de quintaine élevés dans leurs ex-seigneuries.

Défense fut faite de leur donner l'eau bénite, le pain bénit, l'encens, les prières nominales, ni aucune autre distinction, et d'inhumer dans les églises sous aucun prétexte, ni d'enfeu, ni autrement.

C'était l'application des réformes nouvelles qui réalisaient, dans une mesure inconnue jusque-là, l'égalité des citoyens devant la loi.

1791

La fuite du roi.

La nouvelle du départ de Louis XVI et de sa famille n'occasionna aucun trouble à Nantes : tous les citoyens s'armèrent et les trois corps administratifs de la ville rédigèrent en commun une proclamation patriotique à leurs concitoyens, dont voici le début : « Le roi est parti, mais le véritable souverain, la nation, reste... Le pouvoir qu'il exerçait et qu'il a cru anéantir par sa fuite, n'était-il pas le nôtre ? n'était-ce pas la nation qui le lui avait délégué ? Il reste donc tout entier à sa source. »

Une compagnie de la garde nationale de Nantes portait le nom de Louis XVI et avait une houpette, ornée d'une fleur-de-lys. A cette nouvelle, tous les membres de cette compagnie ont jeté et foulé aux pieds la houpette ; et changeant de nom, la compagnie a pris celui de la Fédération.

Toutes les enseignes portant l'effigie de Louis XVI ont été arrachées, brisées et le mot *royal* effacé partout.

24 JUIN

1789

Publication du premier numéro du Journal de la Correspondance de Nantes. *imprimé chez A.-J. Malassis, place du Pilori.*

Ce journal, le seul avoué par la correspondance de Nantes, coûtait, pour l'abonnement d'un mois 2 livres pour Nantes et 3 livres par la poste, franc de port, pour toutes les autres villes.

Il en paraissait trois cahiers par semaine.

Le premier numéro contient cette curieuse mention :

Les membres du Bureau de la Correspondance de Nantes feront passer des exemplaires de ce journal aux douze villes de la Sénéchaussée avec lesquelles ils sont chargés de correspondre, d'après l'arrêté pris et inséré dans le procès-verbal de la nomination des députés aux Etats-Généraux.

Le Bureau de Correspondance eût désiré pouvoir suffire seul aux frais de l'impression, mais les avances considérables qui ont été faites précédemment pour les affaires communes, le réduisent à cette douloureuse impossibilité.

Suit l'indication du prix d'abonnement.

Le pacte fédératif

Cérémonie du pacte fédératif sur la place d'Armes, aujourd'hui place Louis XVI, et inauguration de la colonne dédiée à la Liberté.

Un autel avait été dressé sur la base de la colonne, une messe y fut célébrée, puis le serment de la fédération bretonne de Pontivy y fut prêté aux cris de : *Vive la nation, la loi et le roi!* Un *Te Deum* termina cette première partie de la cérémonie.

Dans l'après-midi, la municipalité, les administrateurs du département et du district reprenaient place sur l'amphithéâtre où ils s'étaient déjà trouvés le matin. Après un discours patriotique de M. Douillard, architecte, MM. Kervégan, maire de Nantes, et Coustard, président du département, prirent la truelle et frappèrent la pierre du marteau, ce que firent après eux, les officiers municipaux et les autorités civiles et militaires.

La colonne fut assez promptement achevée, mais ce n'est que trente-trois ans plus tard, en 1823, que la statue de Louis XVI prit place à l'endroit où nous la voyons encore à présent.

25 JUIN

1791

Le directoire du département de la Loire-Inférieure fait connaître aux députés de la Loire-Inférieure à l'Assemblée nationale les mesures prises à Nantes pour empêcher la nouvelle de la fuite du Roi à Varennes d'altérer la tranquilité publique.

« Aucune consternation ne s'est manifestée ici, dit la lettre ; tous les amis se sont serrés ; les indifférents ont senti le danger de leur apathie ; depuis vingt-quatre heures, deux mille hommes se sont incorporés dans la garde nationale, notre département fournira son contingent d'hommes et d'argent, au premier ordre qu'il recevra de l'Assemblée. »

26 JUIN

1794

Parchemins et gargousses.

Sur la demande des parchemins inutiles, faite par l'administration du district à la municipalité, par ordre du comité de Salut Public, pour être employés à faire des gargousses,

Le Conseil arrête que tous les parchemins existant à la maison commune seront vérifiés par les citoyens Guérinaud et Paumard, nommés pour faire ces vérifications, en présence des citoyens David et Girardin, commissaires de la municipalité pour, d'après la dite vérification, tous les titres féodaux ou concernant les ci-devant maîtrises, confrairies,' mommeries ecclésiastiques... être remis pour l'usage indiqué par le Comité de Salut public.

27 JUIN

1793

Défense de Nort par Meuris

Meuris, ferblantier à Nantes, commandant le 3e bataillon de volontaires nantais, fort de 5 à 600 hommes, soutenus par deux pièces de canon, défend la ville de Nort contre 4,000 Vendéens avec une forte artillerie qui essayaient de forcer le passage de l'Erdre.

Le feu dura quatorze heures et ne cessa du côté des républicains que faute de munitions. Du bataillon, il ne resta que quarante-deux hommes qui battirent en retraite sur Nantes, en défendant et en sauvant leur drapeau.

L'histoire a conservé le nom de ces héros.

28 JUIN

1792

Une inondation en plein été

Au cours de l'été 1792, une inondation désastreuse vint accroître les alarmes de la cité, en anéantissant les récoltes des terres riveraines, alors que les approvisionnements en céréales étaient déjà si difficiles à se procurer tant par terre que par mer. En voulant enlever des foins, deux hommes s'étaient noyés.

Des souscriptions furent ouvertes à l'Hôtel-de-Ville pour venir en aide aux familles victimes de l'inondation et la charité publique répara, dans la mesure du posssible, les désastres causés par la crue de la Loire, naturellement moins bien endiguée qu'elle ne l'est aujourd'hui.

1794

Le vieil amiral Duchaffault, originaire de Nantes, meurt, à l'âge de 87 ans, à la maison d'arrêt de Lusançay, où le Comité révolutionnaire l'avait fait conduire par une faveur particulière, en considération de son âge et de ses infirmités.

Il fut blessé au combat d'Ouessant, où il commandait la 2e division de l'armée navale contre les Anglais, en 1779; son fils, dont la cervelle rejaillit sur lui, fut tué à ses côtés.

Duchaffault avait été arrêté à la suite de la reprise de Montaigu par les républicains en septembre 1793 pour avoir dirigé la résistance.

Conduit à Nantes, il fut incarcéré à Lusançay, dont le régime était plutôt celui d'une maison de santé que celui d'une prison.

Il avait été lieutenant-général des armées navales, grand'croix de l'ordre royal et militaire de Saint-Louis.

30 JUIN

1793

L'attaque de la Saint-Pierre

Défense de Nantes dirigée par le maire Baco et les généraux Canclaux et Beysser contre les Vendéens que commandaient Charette, Cathelineau, d'Elbée et d'Autichamp.

Cette défense mémorable mériterait, pour être dignement racontée, plus de place que nous n'en avons pour une simple éphéméride. Qu'il nous suffise de dire que les patriotes nantais s'y conduisirent avec un courage qui suscita l'admiration de toute la nation et que la Convention put décider en toute justice qu'ils avaient bien mérité de la patrie.

Si Nantes eût été pris par les armées catholiques et royales, la contre-révolution reprenait le dessus dans tout l'Ouest de la France et c'en était peut-être fait de l'existence de la République.

Hommage en soit rendu et conservé aux vaillants défenseurs de Nantes pendant cette journée qui a gardé, dans l'histoire locale, le nom d'*attaque de la Saint-Pierre*.

C'est l'événement le plus important, au point de vue militaire, de nos annales nantaises pendant la Révolution.

1er JUILLET

1790

D'après un état dressé par le Conseil général de la commune de Nantes, voici quelle était au 1er juillet 1790 la situation financière de la ville.

Les dettes s'élevaient à 466,828 livres.

Les recettes à espérer à 210,590   »

Il aurait donc fallu à la commune un secours extraordinaire de 256,238 livres qu'elle trouva en partie dans la vente de ses propriétés territoriales dont elle se défaisait, par adjudications partielles, lorsqu'il se présentait des acheteurs. La mise en vente des biens nationaux contrariait les ventes que la ville eût réalisées autrement.

2 JUILLET

1796

(14 messidor an IV).

Conservation de la Cathédrale

Le citoyen Fleury avait demandé à faire l'acquisition de la « ci-devant cathédrale de » Nantes pour la démolir et assurer la ré- » gularité de la rue projetée de la préfec- » ture au château. »

Groleau, ingénieur en chef des ponts-et-chaussées du département, s'opposa à un pareil acte de vandalisme et put convaincre les administrateurs du département de la nécessité de conserver un monument qui ne pouvait qu'embellir la ville de Nantes.

Ses tours permettaient de faire des observations astronomiques, d'installer un observatoire déjà utilisé dans les guerres de Vendée, on pouvait tirer partie de l'intérieur pour casernes ou ateliers, etc.

Bref, grâce au bon sens et à l'énergie de Groleau, ce monument d'architecture, le plus beau de Nantes, l'un des plus remarquables de France, fut sauvegardé.

3 JUILLET

1790

Hôtel - de - Ville

Le public est averti que, par délibération du Conseil général de la commune de Nantes, il a été arrêté qu'il serait procédé lundi prochain à la vente, au plus offrant et dernier enchérisseur, du terrain de la Petite-Hollande, près le Bon-Pasteur, de celui de la maison de la Glacière, occupée par le sieur Gautier et autres terrains adjacents...

On vendra le même jour ce qui reste de maisons appartenant à la commune sur la place Louis XVI.

Nantes, 3 juillet 1790.

SAUQUET,

Procureur de la commune.

4 JUILLET

1791

L'ambassadeur d'Angleterre s'était plaint de ce que les gardes nationales de Nantes étaient entrées, sans cause légitime, sur deux vaisseaux anglais et les avaient empêchés de partir, en enlevant ou déchirant les voiles.

L'affaire fut portée le 4 juillet 1791 à la tribune de l'Assemblée nationale.

Sur la proposition de Fréteau, l'Assemblée décréta que le ministre de l'intérieur ferait une enquête sur les faits dont se plaignait l'ambassadeur pour accorder, le cas échéant, une indemnité aux maîtres des bâtiments.

« Le Comité diplomatique, disait Fréteau, aurait trop méconnu cet esprit de paix et de fraternité que l'Assemblée nationale veut entretenir entre la France et toutes les nations de la terre, s'il ne se fût hâté de proposer les mesures nécessaires pour faire réparer cette violation du droit des gens, si elle est réelle. »

5 JUILLET

1790

Les réformes sociales

Les administrateurs du département de la Loire-Inférieure prient MM. les administrateurs des districts, les municipalités, corps et compagnies de commerce et autres communautés et tous les citoyens en général de leur faire part de leurs vues ou des plans qu'ils auraient pu former pour l'établissement d'ateliers de charité; le choix des maisons religieuses de l'un ou l'autre sexe, en ville ou à la campagne, les plus propres à des dépôts de cette nature; le genre de travail pour les mendiants et vagabonds des deux sexes; les matières les plus propres à ce travail, laine, lin, coton, etc., dont la défaite, après mise en œuvre, offrirait le plus d'avantages; la nourriture et les moyens les plus économiques d'y pourvoir, en conciliant les égards dus à l'humanité.

Ceux qui auraient des projets à présenter, sont priés de les remettre au secrétariat du département.

6 JUILLET

1790

L'Assemblée nationale décrète la conservation des quarante-deux évêchés dans les départements où il n'en existe qu'un seul.

Elle maintient l'évêché à Nantes pour la Loire-Inférieure, à Vannes pour le Morbihan, à Luçon pour la Vendée.

Elle n'en laissa subsister qu'un dans les Côtes-du-Nord, à Saint-Brieuc, un dans le Finistère, à Quimper, un dans l'Ille-et-Vilaine, à Rennes. Ces trois départements comptaient deux évêchés et même davantage.

7 JUILLET

1789

Assemblée nationale

Extrait du procès-verbal officiel

Les Députés de la Ville de Nantes ont été introduits dans l'Assemblée et ont fait lecture d'une adresse des citoyens de Nantes, exprimant pour l'Assemblée nationale et pour la personne du roi, les mêmes sentiments consignés dans les adresses des autres villes dont il a été rendu compte précédemment.

Ce témoignage de patriotisme a été vivement applaudi. Il a été arrêté que l'Adresse serait annexée au procès-verbal, et MM. les députés ont été invités à prendre place dans l'Assemblée pendant la séance.

† J. G, archevêque de Vienne, président ;

GRÉGOIRE, MOUNIER, LE CHAPELIER, l'abbé SIÉYÈS, STANISLAS DE CLERMONT TONNERRE, le comte de LALLY TOLLENDAL, secrétaires de l'Assemblée nationale.

8 JUILLET

1795

L'élite de la garde nationale

Un arrêté du représentant du peuple, Jarry, ordonna la formation, dans les quinze bataillons de la garde nationale, d'un corps d'élite de 1,200 hommes, divisé en quinze compagnies, sous le commandement d'un chef de bataillon.

C'était une colonne mobile destinée à repousser les corps de chouans qui harcelaient les patriotes aux environs de Nantes, notamment près de Carquefou, avec d'autant plus de violence qu'ils avaient encore l'espoir d'être soutenus par les Anglais.

9 JUILLET

1794

Disette à Nantes

Nantes se trouve dans une situation critique, par suite du manque de grains. Il n'y avait plus que cinq jours de subsistances assurés. Le Conseil-communal se rassembla et le maire Renard exposa l'affreuse situation qui menaçait les habitants. Il fut arrêté qu'on ferait connaître la vérité aux représentants du peuple Bô et Bourbotte.

La ville obtint des farines destinées aux troupes, ce qui permit d'attendre des chargements de grains expédiés du Morbihan.

Quelques jours après, la disette se fit sentir de nouveau et Bô dut mettre le district de Nantes en demeure d'agir :

« Lorsque 80,000 citoyens, écrivit-il, manquent de pain, une heure de retard pour leur en procurer est un crime. On ne peut s'endormir sur les besoins du peuple: ceux des Nantais vous sont connus. »

10 JUILLET

1790

Le *Bulletin* de Nantes, du 4 juillet, avait inséré une *Adresse de MM. les jeunes ecclésiastiques du séminaire de Nantes à MM. les officiers municipaux*. Ils y faisaient connaître les dissentiments intérieurs existant entre eux et leurs directeurs, au sujet de la Constitution.

Le 10 juillet, les ecclésiastiques en question protestèrent contre l'authenticité de la lettre qu'ils n'avaient pu lire qu'avec horreur (*sic*) et demandèrent à la municipalité d'*ordonner* au rédacteur du *Bulletin* d'insérer leur rectification : ce qui fut fait.

L'imprimeur déclara, en la publiant, que la première adresse avait été une surprise faite à sa bonne foi et que la municipalité n'en avait eu connaissance qu'après la publication.

11 JUILLET

1796

(22 messidor an IV)

Les mandats territoriaux

Raphaël Dennery, marchand , demeurant rue Jean-Jacques, avait vendu aux citoyens Maransin et Fournier , capitaines au 1er bataillon des Hautes-Pyrénées , divers objets de lingerie. La livraison n'avait pas été faite sur le champ. Quand les acheteurs vinrent chercher leurs marchandises , ils offrirent de les payer en assignats. Dennery refusa et demanda à être payé en numéraire.

De là procès. Dennery fut condamné à livrer l'objet de la vente et frappé d'une amende de 250 fr. comme convaincu d'avoir refusé et discrédité les mandats territoriaux.

Le jugement fut imprimé et affiché à 200 exemplaires, aux frais de Dennery.

Il subsiste encore à Nantes des membres de la famille Dennery.

12 JUILLET

1793

Arrêté du général Beysser, commandant la place de Nantes, rendant la liberté aux prisonniers dont la détention n'avait pas pour cause des actes condamnés par la loi et établissant une commission de neuf personnes prises dans la garnison, garde-nationale et autres corps, avec mission de lui rendre compte de l'état actuel des prisons, du nombre, de l'âge, du sexe des détenus, des motifs de la détention et de leur bien fondé, afin de statuer avec équité sur leur sort.

Les représentants du peuple Gillet et Merlin, mécontents de cet arrêté, suspendirent Beysser de ses fonctions, ce qui provoqua dans la ville de Nantes d'unanimes protestations dont Baco, le maire, fut chargé d'aller porter l'expression à la Convention nationale.

13 JUILLET

1789

La pièce suivante fut adressée par son signataire au commandant des Volontaires Nantais, Coustard de Massy, avec prière de la déposer à l'Assemblée de la Commune de Nantes :

Je déclare renoncer et avoir renoncé aux privilèges pécuniaires de la Noblesse en Bretagne, ainsi qu'à l'usage d'assister individuellement aux Etats de ladite province, usage qui ne peut être considéré comme un droit, puisqu'on ne peut avoir le droit de représenter un district ou une classe de citoyens sans avoir été élu.

J'adhère, de plus, aux arrêtés de l'Assemblée nationale pour tous les objets qui sont et qui seront acceptés par les communes de Nantes.

Fait à Versailles, le 13 juillet 1789.

DE LA BOURDONNAYE-BOISHULIN,

Maréchal des Camps et Armées du Roi.

On était encore dans la période d'enthousiasme et plus d'un noble marchait alors d'accord avec le Tiers-Etat dans ses revendications.

Ce beau feu ne dura guère.

14 JUILLET

1790

Pacte fédératif du Champ-de-Mars

La France entière avait envoyé des délégués à la fameuse fête de la Fédération, par laquelle elle célébrait le premier anniversaire de la prise de la Bastille.

Parmi les députés de la garde-nationale de Nantes à la fête de la Fédération, figuraient Mosneron-Dupin, Sarrebourse, Deurbroucq, Vandame, Suette, Lory du Cap, Ganachaud, Fellonneau, Valin, Garreau, Onfroy, Bodin, Legrand, Chevy, etc.

1791

M. du Couëdic à Londres

L'anniversaire de la Révolution française est célébré à Londres, taverne de la « Couronne et de l'Ancre », dans le Strand. Mille personnes notables assistaient au banquet, à la fin duquel des toasts nombreux ont été portés.

M. du Couëdic, de la Société de Nantes
— sans doute de la Société des Amis de la
Constitution — a demandé la parole et re-
mercié l'Assemblée au nom de tous les
Français de la faveur que leur accordaient
les conservateurs de la liberté britannique.

Son discours énergique et touchant, dit
une relation de l'époque, a été fort applaudi.

1793

Mort de Meuris

Meuris, le héros de la retraite de Nort,
est tué en duel à l'âge de 35 ans, pour un
vain propos.

Mort de Cathelineau

Blessé mortellement sur la place Viarmes,
lors du siège de Nantes, Cathelineau, qui,
suivant la forte parole de Michelet « dans la
contre-révolution, représentait encore la
Révolution et la démocratie », meurt à Ancenis des suites de ses blessures.

15 JUILLET

1790

Le prix du pain.

Une ordonnance de police de la municipalité de Nantes fixe ainsi le prix du
pain :

La livre de pain blanc de fine fleur.   11 d.
La livre de pain batelier...........   36 d.
La livre de pain de méteil.........   30 d.
La livre de pain de seigle.........   20 d·
La livre de fleur de froment....... 4s. 11 d.

16 JUILLET

1789

La population s'empare du magasin à poudre situé près de Barbin et dont la rue actuelle de la Poudrière rappelle l'ancien emplacement. Une garde nombreuse y est établie.

Le lendemain, il se forme une compagnie de cavaliers pour battre l'estrade autour de la ville, tandis que d'autres habitants font la garde à l'intérieur.

1791

Les administrateurs du district de Nantes avaient reproché au bureau de la Commune de négliger les formalités relatives au serment des Communautés et des Instituteurs.

Par une réponse, en date du 16 juillet 1791, le corps municipal se défend de cette négligence. Les Maisons des Ursulines, de la Visitation, de Saint-Charles, des Pénitentes, les Frères de l'Ecole charitable, les Dames de Sainte Elisabeth , du Calvaire,

les Sœurs de la Sagesse et du Bon-Pasteur
ont été l'objet de procès-verbaux immé-
diats. Des placards imprimés et affichés ont
averti les personnes des deux sexes qui s'a-
donnent à l'enseignement de la jeunesse, de
se présenter sous trois jours, à l'Hôtel-de-
Ville, pour y faire le serment prescrit par la
loi. La municipalité pouvait-elle faire davantage ?

1795

Prise de Quiberon

La Légion nantaise prend une part importante à ce fait d'armes qui réduisait les
royalistes à l'impuissance.

Le fort Penthièvre fut surpris quelques
jours après.

C'est à la Légion nantaise qu'avait été
confiée la garde des prisonniers royalistes.
C'est un Nantais, M. Pacquetau, qu'on sur-
nommait *l'honnête procureur*, devenu, sous
Louis-Philippe, juge au Tribunal civil, qui
arbora le premier le drapeau tricolore sur
les remparts de Quiberon.

17 JUILLET

1794

(29 messidor an II)

Les prises sur l'ennemi. — Arrêté du Comité de Salut public

Sur le rapport de la commission du commerce et approvisionnements,

Le Comité de Salut public arrête :

Art. I. Les navires pris sur l'ennemi, qui relâcheront à Paimbœuf, remonteront la rivière jusqu'à Nantes, pour y faire leur déchargement.

Art. II. Ceux qui seraient d'une trop grande portée, feront leur déchargement, suivant l'usage, sur des allèges qui conduiront la cargaison jusqu'à ladite commune de Nantes, pour y être déposée dans les magasins de la République.

Pour extrait : R. LINDET, CARNOT, B. BARRÈRE.

48 JUILLET

1789

La prise de la Bastille à Nantes

On apprend à Nantes le grand événement qui va bouleverser le monde : la prise de la Bastille. Sous la conduite d'Andrieux et de Lemonnier , officiers de la milice bourgeoise, quelques citoyens vont au château et somment le gouverneur de le livrer à la garde nationale, en lui faisant connaître le sort du commandant de la Bastille.

En quelques heures, les Nantais se trouvent entièrement maîtres de la ville.

Ils repoussent les offres de service de quelques membres de la noblesse, notamment de MM. de La Tullaye et de Monti, mais ils prennent l'engagement de protéger tous les membres de la noblesse en résidence à Nantes.

19 JUILLET

1791

Le sieur de Ferville, directeur du Grand Spectacle *(sic)* à Nantes , écrit aux officiers municipaux qu'il se voit forcé d'abandonner la direction du théâtre et la ville elle-même.

Il est prêt à restituer le prix des abonnements qu'il a déjà touchés, à moins que les artistes ne soient disposés à continuer l'exploitation en société. Quant à lui, il y renonce. 18,000 livres lui ont été volées à Paris dans une banqueroute. Deux habitants l'ont cautionné pour 6,000 livres qui ont servi à former la troupe et à la faire venir à Nantes. Il doit huit louis à M. Daguetty, etc., etc.

Bref, il donne sa démission, en priant la municipalité d'en prévenir la troupe et le public et de lui conserver son estime.

Cette lettre de Ferville fut portée le 19 juillet 1791 à la connaissance du public.

20 JUILLET

1791

Le directoire du département ordonne la mise en liberté des prêtres détenus au Séminaire, mais les catholiques purs, dans l'enivrement du succès qu'ils venaient d'obtenir, firent aux prêtres une escorte triomphale qui irrita les constitutionnels.

Il s'en suivit des rixes, des cris de mort dans les rues et, pour assurer la vie sauve aux prêtres réfractaires, le directoire les fit incarcérer de nouveau, mais cette fois au château de Nantes.

21 JUILLET

1791

Fédération des citoyennes de Châteaubriant.

Le 21 juillet, les dames citoyennes de Châteaubriant s'assemblèrent sur la place d'Armes, vis-à-vis de la maison commune, au nombre de plus de trois cents. Le cortège se rendit à l'église Saint-Jean-de-Béré où la messe fut célébrée par trois curés constitutionnels. Le curé de la paroisse fit un sermon à la fois « divin et constitutionnel, » disent les récits du temps, où il félicita beaucoup les citoyennes.

Mesdames Ernoul, Bruneau et Margat montèrent tour à tour en chaire où elles prononcèrent des discours appropriés à la fête, au milieu d'applaudissements unanimes.

Puis, toutes les dames prêtèrent serment.

L'après-midi, il y eut banquet et bal.

Le soir, nouveau service religieux et nouveau discours du curé de St-Vincent-des-Landes à l'Hôpital, dont les religieuses, les Sœurs de St-Thomas, refusèrent de participer à la fête.

Vers la fin de la soirée, feu de joie, *Te Deum* et danses nouvelles jusqu'à deux heures du matin.

22 JUILLET

1793

Les corps administratifs du département se rassemb ent pour envoyer à la Convention une adresse l'assurant du dévouement de la ville à l'acte constitutionnel et lui demandant de rapporter le décret qui a prononcé la mise hors la loi de la cité nantaise.

L'adresse fort longue rappelle la conduite patriotique de Nantes depuis le commencement de la Révolution et surtout le courage de la population lors de l'attaque de la Saint-Pierre.

« Citoyens représentants, disait l'adresse en matière de conclusion, mettez en parallèle les allégations de la calomnie et notre justification, pesez les motifs et soyez justes.

» Quant à nous, imperturbables amis de la liberté et de l'égalité, fidèles à nos serments, nous défendrons, jusqu'à la mort, l'unité et l'indivisibilité de la République. »

Ce fut Baco et plusieurs députés de Nantes qui se rendirent à Paris pour remettre à la Convention cette courageuse adresse.

23 JUILLET

1792

Mathurine Martin, femme Joseph Moriceau, comparaît devant le tribunal criminel de la Loire-Inférieure, comme prévenue de s'être fait une tonsure, de s'être fait passer pour un prêtre déguisé en femme et d'avoir, sous cette fausse qualité, confessé une fille Bonnet. Elle avait aussi, disait-on, engagé plusieurs personnes à ne pas aller à la messe des prêtres assermentés, en les peignant sous des couleurs peu favorables.

Ces faits furent reconnus constants par le jury, mais n'étaient pas tous prévus au Code Pénal.

Toutefois la femme Martin qui ne cherchait, par son déguisement, qu'à se procurer des moyens de subsistance, fut condamnée à un an de prison pour mendicité avec déguisement.

24 JUILLET

1790

Le public est averti que mardi prochain, 27 de ce mois, on procédera sur les quatre heures de l'après-midi, en l'Hôtel-de-Ville, à l'adjudication au rabais de l'entreprise de la construction d'un mur de quai, depuis le pont du Port-au-Vin et en se dirigeant le long de la Bourse dans la longueur de la plantation qui vient d'être faite des pieux qui garantissent.

L'adjudicataire trouvera la fondation en bois établie, elle ne fera point partie de son entreprise. On pourra voir au greffe de la Ville les plans et devis de l'ouvrage. Les conditions de l'adjudication seront expliquées aux enchérisseurs.

Nantes, 24 juillet 1790.

SAUQUET,
Procureur de la commune.

Il s'agissait de la construction du quai qui va de la place actuelle du Commerce à l'entrée de la Fosse et qui s'appelle quai de la Bourse, après s'être appelé quai Henri Chevreau.

25 JUILLET

1791

L'inviolabilité du roi

Le vote de l'Assemblée nationale qui décrétait l'inviolabilité du roi, ne fut connu à Nantes que le 24 juillet : le lendemain, le conseil de la commune se réunissait pour voter une adresse à l'Assemblée nationale. Cette adresse se terminait ainsi :

« Nous n'avons voulu, nous ne voulons qu'un roi ; nous l'avons voulu inviolable et sacré dans sa personne, parce que notre intérêt l'exige, parce que la majesté du peuple se réfléchit sur lui, parce qu'il est constitué pour être le désespoir de toutes les ambitions perverses, parce qu'enfin la royauté est notre propriété et que nous n'entendons pas la livrer à la merci des usurpateurs et des brigands. »

La lecture de cette adresse, dont l'auteur était M. Laënnec, et qui, somme toute, avait un certain parfum royaliste, se fit, détail bizarre, aux cris de : *Vive la République !*

26 JUILLET

1791

Le n° 3 du tome 10 du *Journal de Correspondance de Paris à Nantes* contient l'annonce suivante :

Maison d'éducation nationale
Pour les Demoiselles

Approuvée par M. Minée , évêque du département de la Loire-Inférieure, par M. le curé de Saint-Nicolas et sous les auspices des membres de la Société des Amis de la Constitution, à Nantes.

Cette maison est tenue par Madame Le Maignan, rue de la Fosse, maison de M. Viaud, cloutier, au second étage.

Le programme, fort bien compris, de cette maison d'éducation, figure dans le n° 11 du même journal. Il se termine ainsi :

« Mme Le Maignan se propose d'enseigner aux enfants depuis l'alphabet (*sic*) jusqu'à lire et écrire, et donnera, par la suite , des leçons de dessins pour l'ornement et les fleurs et apprendra à travailler en linge. »

27 JUILLET

1789

La noblesse à l'index

Le comte de Maillé, premier écuyer de Madame, était venu à Nantes sous le spécieux prétexte d'inspecter le régiment de Rohan. La jeunesse nantaise le renvoya sous escorte jusqu'aux limites de la province.

La défiance contre la noblesse restée fidèle à la cour était générale. C'est ainsi qu'à la même date, une lettre de Guérande signalait le passage de gens de haut parage, déguisés en bourgeois, au château de la Bretesche, appartenant à M. de Boisgelin, près de Pontchâteau et leur embarquement à Penerf à destination de l'étranger.

1791

Les femmes de la Halle qui avaient pris parti pour les religieuses des Couëts fustigées par les bourgeoises de Nantes, résolurent de faire subir aux *fouetteuses des Couëts* un traitement identique.

Elles auraient jeté une de ces dames à la Loire, sans l'intervention de la garde nationale.

29 JUILLET

1794

Un don généreux

Le citoyen Guillon père, de la commune de Nantes, fait au Comité de Salut public don de vingt mille livres déposées chez le citoyen Havard, notaire à Paris, rue de la Loi, pour être employées à un monument historique destiné à figurer à l'école de Mars.

Le Comité de Salut public fit adresser ses remerciements au citoyen Guillon pour sa patriotique offrande.

30 JUILLET

1794

(12 thermidor an II)

Arrêté contre les rebelles

Arrêté des représentants du peuple Bo et Ingrand, en mission à Nantes, décidant :

Que les révoltés pris les armes à la main seraient traités en rebelles et brigands ;

Que ceux qui seraient arrêtés sans armes, seraient jugés par la commission militaire ;

Qu'enfin les autres seraient jugés dignes de participer aux bienfaits de la liberté.

C'était, dit l'arrêté, « dans le but de terminer enfin l'horrible guerre de Vendée, but dont on s'écarte éga'e nent soit par une lâche indulgence, soit par des exécutions qui, en frappant sur la faiblesse, ne pourraient que révolter la justice et l'humanité. »

Les soldats « assez dépravés et assez téméraires pour se livrer au pillage, à l'incendie, aux actes de férocité », devaient être traduits devant les tribunaux militaires de l'armée de l'Ouest.

31 JUILLET

1789

Adresse de la ville de Nantes à M. Necker

« Les citoyens de la ville de Nantes, plongés dans le même deuil qui a couvert la France entière, à la nouvelle désastreuse de la retraite du génie tutélaire qui veille à nos destinées, s'empressent aujourd'hui de joindre leurs cris d'allégresse à ceux de tous les bons Français et de rendre publics les vœux qu'ils font pour le bonheur inséparable de la nation et de M. Necker.

» Le plus beau jour pour Sully et le plus glorieux pour Henri, fut, sans doute, celui où ce bon roi, relevant son ministre calomnié, proféra ces paroles que nous ne pouvons répéter sans cet attendrissement que nous avons ressenti en lisant la lettre de Louis à son Sully. Il était réservé au petit-fils de Henri de faire une seconde fois triompher la vertu dans sa lutte continuelle contre les méchants qui assiègent le trône des meilleurs princes. »

1er AOUT

1794

La mort de Robespierre

A la nouvelle des événements du 9 thermidor et de la mort de Robespierre et de ses amis, le conseil de la commune vota des félicitations à la Convention nationale.

Il fut ordonné à tous les citoyens de faire connaître à la municipalité tout étranger à la ville qui viendrait loger chez eux, pour sévir contre lui au cas où ce serait quelque complice de Robespierre.

C'était la réaction contre un régime de terreur qui avait fini par fatiguer la patience des meilleurs citoyens.

2 AOUT
1789

La milice nantaise présente en grande parade aux officiers et soldats du régiment de Rohan et au corps des canonniers et invalides du château de Nantes, les cocardes bleues, blanches et roses qui leur avaient été destinées.

1793

Courage civique de Baco

Baco, maire de Nantes, et plusieurs députés de la ville, admis à la barre de la Convention, y protestent contre la mesure qui a retiré au général Beysser le commandement de Nantes.

Il lutte avec autant d'indignation que de courage contre les motions qui tendent à lui enlever la parole :

— Je pourrais vous montrer, dit-il, les cicatrices dont je suis couvert.... Tous les citoyens qui m'accompagnent se sont battus comme moi.... Ils ont tous des blessures à vous montrer....

A une apostrophe du député Fayau, qui lui reprochait d'avoir laissé préparer dans une maison de Nantes 1,200 couverts pour les rebelles, il répondit : — Tu en as menti.

Cette interruption lui valut d'être arrêté et conduit à l'Abbaye, pour outrage fait à un membre de la représentation nationale.

3 AOUT
1789

Un détachement de la milice nantaise s'est porté au château de Ponthue, à cinq lieues de Nantes, appartenant à M. le marquis de Gouyon. Il en a ramené sous bonne escorte le marquis de Tremargat, et l'a constitué prisonnier au château de Nantes.

Il obtint la permission de recevoir la visite d'un médecin et de se promener dans la cour du château, jusqu'à son départ pour Rennes.

Il était accusé d'opposition à la révolution nouvelle.

1793

Discours du représentant du peuple Phelipeaux, dans une assemblée publique du département à Nantes, pour prêcher l'union des républicains contre les royalistes.

Ce discours fit une impression profonde, et tandis que le représentant du peuple et le président Sotin la Coindière se donnaient le baiser de fraternité, au milieu des cris de : Vive la République ! vive la Convention ! tous les assistants se levèrent comme un seul homme et jurèrent de n'avoir tous qu'un même vœu, celui du salut de la patrie et de l'unité de la République.

Cette séance rendit confiance aux administrateurs du département.

4 AOUT

1792

Au moment où se faisaient, à la suite du manifeste de Brunswick, les enrôlements volontaires si nombreux à Nantes que l'officier municipal, Beaufranchet, délégué spécialement pour cette inscription, n'y pouvait suffire seul, beaucoup d'enfants à peine capables de porter une arme, s'étaient, à l'exemple de Barra et de Viala, présentés pour partir comme soldats, en s'indignant d'être refusés. Plusieurs avaient à peine douze ans...

Pour ne pas désespérer ces jeunes âmes bien nées chez qui

La valeur n'attend pas le nombre des années

le maire se décide à en former une compagnie sédentaire sous le nom de *Compagnie des jeunes élèves de la garde nationale.*

5 AOUT

1790

Les citoyennes de la Halle prononcent à la réception de la bannière fédérale offerte par la municipalité de Paris aux Nantais présents au Champ de Mars le jour de la Fédération un curieux discours dont voici quelques passages :

Chers camarades et concitoyens,

Je voudrions ben, avec vot' permettance, nous incorporer, comme on dit, aveuc vous tous et vous dégoiser ce que j'ons sur l'cœur, à l'occasion du sujet de c'te Révolution, qu'est la chose du monde la mieux imaginée.....

J'sommes donc à c'te heure comme le poisson dans l'eau, et j'n'aurons plus rien à craindre de ces grands vilains Eristocrates qui se fichiont de nous tous les jeurs de la vie....

Nos pauvr' chers maris, braves gens, dame, quoique pauvres, étaient obligés de courir sur la mer, au bout du monde, je ne sçais pas où et pis y revenoient éclopés la plupart du temps, avec un ou deux membres de moins, ce qui est bien désagréable pour une femme, et puis,

tiens, on les plantoit là, va-t'en voir s'ils viennent ou bien on leux y donnoit deux ou trois
sous de plus par jour pour faire bouillir le pot.
Un homme qui ne pouvoit pu rien faire ! avec
ça la famille allait à l'hopital, si ce n'est... pis.

N'est-ce-t'y pas conscience qu'on donne deux
sous d'un homme, tandis qu'à une fille de joie,
à un chien de danseux, à M. Trinquenard, le
marchand de contredanses, à madame Chien la
chiffonneuse, on leur plante dans l'creux de la
main deux ou trois mille écus pour leux ca-
brioles, leux fanferluches et leux cotillons.....

J'allons prier Dieu et la bonne Sainte Vierge
de vous aider et de couronner à la parfin votre
grande besogne....

Adieu, nos bons amis, j'vous aimons ben
tertous ; vous êtes si bons citoyens ! Mais, à
propos, songez que je n'voulons pus être appe-
lées les Dames de la Halle. Qu'est-ce que ça si-
gnifie ça, Dames ? Je n'sommes pas des Eristocrates. J'voulons être nommées *citoyennes de la
Halle*, entendez-vous ! Citoyennes, car enfin
tant y a que je l'sommes, et de bon cœur, d'aussi bon cœur que j'nous disons vos camarades
et amis.

LES CITOYENNES DE LA HALLE.

6 AOUT

1795

Un arrêté des représentants Bodin et Blad consacre le temple de la patrie, ci-devant Saint-Pierre, à la réunion des citoyens pour les fêtes ou cérémonies publiques, pour la lecture des lois les jours de décade, etc.

Les ministres du culte catholique étaient tenus d'évacuer le temple de la Patrie, dans les vingt-quatre heures, mais un nouveau local leur était assigné pour la célébration du culte. C'était le temple de la ci-devant Collégiale, dès que, disait l'arrêté, « il cessera d'être occupé par les chevaux de la République ».

7 AOUT

1794

(20 thermidor an II)

Le Conseil de la commune de Nantes arrête qu'il sera imprimé et affiché un avis tant aux armateurs et négociants qu'aux capitaines de navires, subrécargues et tous autres qui auraient des intérêts conjointement avec des ennemis de la Patrie, émigrés ou tombés sous le glaive de la loi, dans des bâtiments de commerce expédiés pour l'Amérique, le Levant et les Indes Orientales, dont une grande partie n'est pas encore de retour, — d'en venir faire la déclaration au greffe de la municipalité, dans le courant d'une décade, du jour de l'affiche, sous les peines portées par les lois.

L'avis concernait aussi les consignataires et fondés de pouvoirs desdits émigrés ou condamnés.

8 AOUT

1790

MM. de Laville, Maussion et Marion, membres de la Cour supérieure provisoire de Rennes, se font inscrire à la municipalité de Nantes, pour le service des gardes nationales, afin de se conformer, disent-ils, aux décrets de l'Assemblée et au vœu de leurs concitoyens.

9 AOUT

1790

Décret de l'Assemblée nationale

L'Assemblée nationale decrète que le président se retirera vers le Roi pour le prier de donner des ordres afin que les procédures criminelles qui s'instruisent dans les départements de l'Ille-et-Vilaine, de la Loire-Inférieure et du Morbihan, à l'occasion des voies de fait commises dans quelques paroisses desdits départements, soient regardées comme non avenues, et pour que les personnes emprisonnées à raison de ces procédures, soient mises en liberté, réservant à ceux qui ont pu souffrir quelque dommage de ces insurrections et voies de fait, la faculté de se pourvoir par une procédure civile, pour obtenir les dédommagements et réparations qui leur seraient dus, et à se servir comme d'enquêtes des informations faites sur leurs plaintes ou sur celles des officiers exerçant le ministère public.

La municipalité de Nantes et les députés de la sénéchaussée avaient vivement réclamé ce décret dicté par la sagessse et la justice.

10 AOUT

1793

Tandis que la ville de Nantes célébrait l'anniversaire du 10 août par une revue de la garde nationale, Charette attaquait avec six mille hommes le château d'Aux, défendu par sept cents hommes.

L'attaque était dirigée sur quatre points.

Les batteries d'Indret firent taire celles des chouans, qui furent repoussés avec perte.

Le commandant du poste, du nom de Martin, fut blessé.

11 AOUT

1791

Les journaux de la ville publient l'avis suivant qui prouve bien que la sollicitude des autorités s'étendait à toutes les questions d'assistance publique :

L'administration générale des Hôpitaux de Nantes prévient le public que, devant pourvoir au remplacement des sœurs Hospitalières de l'Hôtel-Dieu, elle recevra pendant un mois, à compter de ce jour, les offres des personnes du sexe qui voudront se consacrer au service des pauvres dans cette maison, aux conditions qui seront proposées. A cet effet, elles voudront bien s'inscrire chez M. Pierre Ducros, l'un des administrateurs, assesseur du juge-de-paix, demeurant nº 4, vis à vis la Bourse.

12 AOUT

1792

L'Assemblée législative arrête le tableau des villes, chefs-lieux de district, où se tiendront les assemblées électorales pour la nomination des députés à la Convention nationale.

C'était Ancenis, et non pas Nantes, comme on aurait pu le penser, pour la Loire-Inférieure.

Le tableau en question est signé : Danton.

1793

Une proclamation du district de Nantes bannit les cerneaux des tables républicaines.

Il importe, dit-elle, qu'une grande partie de la récolte des noix soit livrée à la trituration. Le besoin d'huile soit pour l'éclairage, soit pour la peinture, soit enfin pour les fabriques de savon, et l'on peut même dire pour la préparation des aliments d'un grand nombre de citoyens, le prescrit impérieusement.

Nous vous invitons donc, frères et amis, à renoncer aux cerneaux, qui ne sont qu'un simple mets de luxe, pour laisser venir les noix à leur parfaite maturité.

Des hommes à qui le civisme interdit le moindre murmure dans un temps calamiteux, sont faits pour vouer d'eux-mêmes au mépris quiconque ne saura se passer d'un plat superflu.

13 AOUT

1790

M. Pierre Legris, membre de la Société les *Amis de la Constitution*, de Nantes, prononce, au sein de cette assemblée, un discours sur le décret qui fixe la condition d'éligibilité à l'Assemblée représentative à une contribution directe, équivalente à la valeur du marc d'argent et à une propriété quelconque, en fonds de terre.

1792

Les nouvelles de la journée du 10 août (prise des Tuileries par le peuple) arrivent à Nantes et y produisent une profonde émotion.

Tout le monde comprenait bien que c'était le dernier jour de la royauté et que son existence n'était plus qu'une question de quelques semaines.

14 AOUT

1792

Certains journaux dénaturaient constamment les faits et ne craignaient pas de jeter le mépris sur les autorités et même de semer la haine entre les citoyens. Le conseil du district de Nantes demanda la suppression immédiate de la distribution, vente et circulation des journaux suivants :

Les *Actes des apôtres,*
L'*Ami du Roi,*
La *Gazette de Paris,*
Dieu et l'Homme,
La *Gazette universelle,*
Le *Courrier extraordinaire* de Dupleiz.
Le *Journal de Paris,*
Le *Mercure de France,*
Le *Journal de la Cour et de la Ville,*
La *Rocambole des journaux.*

D'autres encore furent supprimés.
Tous ces journaux tournaient en ridicule et calomniaient l'œuvre de la Révolution.

15 AOUT

1789

Le régiment de Rohan avait formé le projet de se débarrasser de ses officiers et de les remplacer par des militaires qui ne fussent ni nobles, ni aristocrates.

Le 15 août 1789, de 9 à 10 heures du soir, ce régiment sortit en armes et s'en fut fraterniser à la Halle-Neuve avec les Nantais, promettant, même en cas de révolte du peuple, de ne pas prendre les armes contre les roturiers.

Sans l'intervention de la garde nationale, les soldats se seraient portés à des violences contre quelques-uns de leurs chefs dont ils n'étaient pas satisfaits.

Le régiment, calmé à grand peine, se rendit chez le colonel d'Hervilly, tout dévoué à la cause royale et lui demanda ses drapeaux. Le colonel refusa tout d'abord, mais dut céder à la force, après avoir été blessé. Les drapeaux furent déposés entre les mains de la garde nationale.

Il y eut échange de protestations d'amitié entre l'armée et la garde nationale, toutes deux prêtes à verser leur sang pour la patrie, mais sans se faire l'instrument du despotisme royal.

Le lendemain, le régiment fit la paix avec son colonel. Tout fut oublié de part et d'autre.... pour peu de temps du reste.

16 AOUT

1796

Le bonnet rouge venait d'être brûlé à Paris, au Champ de Mars, comme emblème de l'anarchie.

A cette date, on l'apercevait encore à Nantes, au haut du clocher de la ci-devant église Saint-Nicolas.

Bien que le bonnet rouge ne fût nullement obligatoire — Robespierre et Saint-Just ne l'ont jamais porté et la Convention avait rendu le 18 brumaire an II un décret consacrant la liberté du vêtement — bon nombre de royalistes n'hésitaient pas à s'en parer pour échapper aux soupçons. On préserva de la même manière certaines statues de saints d'une destruction éventuelle. C'est ainsi qu'à Chartres un patriote ami des arts sauva très probablement la belle Vierge de la cathédrale, œuvre de Bridan, en la coiffant du bonnet rouge.

17 AOUT

1791

Arrêté du directoire du département, ordonnant, conformément aux instructions de M. Tarbé, ministre des contributions publiques, la descente des cloches des églises supprimées et leur transport à l'hôtel de la monnaie de Nantes.

C'est le 4 octobre suivant qu'il fut procédé au district de Nantes, à l'adjudication du bail au rabais, au-dessous de 308 livres, pour la descente de trente-cinq cloches, des clochers des églises supprimées Saint-Léonard, Notre-Dame, les Jacobins, les Chartreux, les Minimes, Saint-Denis, Saint-Vincent, les Carmes, les Cordeliers, Sainte-Radegonde, Saint-Laurent et les grands Capucins.

18 AOUT

1789

La ville de Nantes était mécontente de la municipalité en charge qui n'avait été à la hauteur d'aucun des grands événements par lesquels l'année 1789 s'était déjà immortalisée.

De nouvelles élections lui permirent de manifester hautement son opinion. Ce fut Daniel de Kervégan qui monta à la mairie avec Maisonneuve, avocat, comme sous-maire, Varsavaux, Dubern, Legris aîné, Rosier, Cornet, comme échevins.

Procès-verbal de l'élection du maire, des échevins et de 48 membres pour la formation d'un comité fut dressé à la date du 18 août.

19 AOUT

1798

Le 2 fructidor an VI (19 août 1798), Jean Faber, de Nantes, capitaine de vaisseau, en vue de Guernesey , après un combat de seize heures, coule six vaisseaux anglais.

Resté seul vivant, avec son fils, de tout l'équipage, et cerné de toutes parts par les vaisseaux ennemis, il donne l'ordre à son fils de mettre le feu à la sainte-barbe, en criant aux ennemis : « Vous n'aurez ni le vaisseau ni le capitaine. Vive la République ! »

Après ces mots, le vaisseau saute.

Ce trait d'héroïsme de deux marins nantais mériterait d'être plus connu , et il ne serait que juste de l'honorer en donnant le nom de Faber à l'une des rues de notre cité.

Espérons que cet acte de justice et de réparation ne se fera pas trop attendre.

20 AOUT

1790

Après avoir entendu les rapports de son comité de consultation, l'Assemblée nationale rend un décret « sur la localité des tribunaux de district » aux termes duquel les tribunaux de la Loire Inférieure sont placés dans les villes de Nantes, Ancenis, Châteaubriant, Blain, Savenay, Clisson, Guérande, Paimbœuf, Machecoul.

21 AOUT

1789

Les avocats de Nantes demandent à partager les charges de leurs concitoyens en faisant le service de la garde nationale ou en s'y faisant représenter.

Ont signé cette demande :

Villaduc Cocaud, Hullin de la Martinais, Marie, Marion de Procé, Delaville Leroux, Pichaud de la Landernaire, Gédouin, Dinot, Urien, Letourneux, Angebault, Baron, Juhaut, Clavier, Ballais, Cotelle, Olivier.

Quelques-uns de ces noms sont encore portés dans le monde de la magistrature et du barreau de notre département.

1789

Installation, comme maire — c'était le 88ᵉ de la ville de Nantes — de Daniel de Kervégan, négociant, ancien juge consul, ancien échevin.

Il avait été élu par 1,130 voix à la Collégiale.

Suivant l'usage, la cloche du Bouffay annonça son installation ; puis, au sortir de l'Hôtel-de-Ville où se trouvait la milice bourgeoise avec ses drapeaux, le nouveau maire et ses collègues se rendirent militairement à l'église des Cordeliers pour y entendre la messe du Saint-Esprit.

23 AOUT
1789

Le nouveau maire de Nantes, Daniel de Kervégan, fait prêter le serment civique au régiment de Rohan, dont les officiers aristocrates étaient justement suspects.

1790

La Société des Amis de la Constitution à Nantes donne, en l'honneur de la Société des Amis de la Révolution à Londres, une fête à laquelle sont conviés tous les Anglais résidant à Nantes et dans les villes voisines.

Baco et Guinebaud, membres de l'Assemblée nationale, assistaient à cette fête où de nombreux toasts patriotiques et humanitaires furent portés.

Parmi les plus curieux, citons les toasts à la Révolution d'Angleterre de 1688, à la grande famille du genre humain, à la destruction de la tyrannie sur toute la surface du globe.

Le vœu suivant fut couvert d'applaudissements :

> Céleste paix, ô sainte humanité,
> Qu'au pied de vos autels la France et l'Angleterre
> Jurent de rappeler les peuples de la terre
> Aux lois, au vrai bonheur qu'offre la Liberté.

Une députation alla plus tard à Londres porter à la Société des Amis de la Révolution une bannière commémorative de cette fête anglo-française.

24 AOUT

1796

(7 fructidor an IV)

L'incendie du Grand-Théâtre de Nantes

On jouait le *Legs*, comédie, *Zémire et Azor*, opéra avec prologue et métamorphose, le ballet des Grâces au troisième acte, etc.

Vu les dépenses considérables de cette entreprise, on avait pris aux premières loges et au parquet 30 sous, aux secondes 20 sous, au parterre et aux troisièmes 12 sous, aux quatrièmes 6 sous.

Le feu prit dans le transparent de l'appartement de Zémire, au 3e acte. En moins de cinq minutes, tout le théâtre était en flammes.

Les spectateurs purent tous sortir sains et saufs, mais quelques employés du théâtre périrent asphyxiés, notamment le citoyen Cascagne, machiniste, la citoyenne Delbault, portière à un poste de la comédie, le citoyen Galipaud fils, figurant.

Cette catastrophe émouvante est rapportée, avec de grands détails, dans la *Feuille nantaise*.

25 AOUT

1790

La Saint-Louis — fête du roi Louis XVI — est célébrée dans l'église cathédrale de Nantes. Mais à l'éloquence habituelle de la chaire se substitua l'éloquence admiuistrative. M. de Coustard, colonel des volontaires nantais et président du département de la Loire-Inférieure, prononça dans la chaire de Saint-Pierre un discours où il rendait hommage au roi, « à ce prince citoyen qui a secondé les généreux efforts de l'Assemblée nationale. »

— Loin de moi, dit-il, cet art de l'éloquence qui a si souvent profané la chaire de vérité, en arrachant d'un néant qu'ils n'ont que trop mérité, ces rois fainéants qui ont végété dans un sérail, sous la tutelle d'une maîtresse ambitieuse ou d'un ministre insolent..... O Louis, ô mon roi, ne rougis point d'être homme. Les despotes seuls sont sourds à la voix de la nature.

La cathédrale de Nantes n'avait pas souvent retenti d'aussi chaleureuses apostrophes qui ne devaient du reste pas avoir de lendemain.

26 AOUT

1790

Une ordonnance de police prise par la municipalité de Nantes fait défense de troubler ou d'interrompre les cérémonies du culte divin, de tenir des réunions ou assemblées dans les églises sans permission préalable, enfin d'y prononcer des discours de nature à affaiblir le respect dû à la religion et les égards dus à ses ministres.

Des faits de ce genre avaient eu lieu les jours précédents à Nantes et le substitut du procureur de la commune les avait dénoncés à la municipalité.

1792

Nicolas Leclerc, fileur de coton et porte-faix, domicilié à Nantes, avait été condamné le 16 août à huit années de fer pour avoir volé à un aubergiste de la rue du Bignon-Lestard, nommé Coursière, un drap de lit et un chapeau avec la houpette de l'*Amour de la Patrie*, compagnie de la garde nationale.

Leclerc avait tout d'abord feint la surdité, puis le manque de mémoire. C'est, en même temps que sa qualité d'hôte de Coursière chez qui il était entré pour boire, ce qui explique la sévérité de sa condamnation, à une époque où il n'y avait pas encore de circonstances atténuantes inscrites dans le Code.

Le 27 août 1792, Leclerc fut exposé pendant six heures au pilori sur la place du Bouflay, aux regards du peuple assemblé.

28 AOUT

1791

Le Conseil municipal proteste contre l'admission trop peu considérable des électeurs de Nantes aux élections départementales, eu égard au nombre des électeurs ruraux.

Les Nantais voulaient être 90 au lieu de 56 à prendre part au vote. L'Assemblée nationale donna raison aux électeurs des campagnes.

La protestation de la ville rappelle les sacrifices faits par Nantes à la Révolution depuis le 4 novembre 1788, le fait que c'est Nantes qui supporte seule une grande partie des contributions du departement et elle charge ses commissaires députés d'exposer leurs griefs à l'Assemblée nationale.

Le registre municipal contient douze lignes illisibles sous les ratures qui les couvrent, et sans doute effacées à la réflexion parce qu'elles étaient trop violentes.

29 AOUT

1794

(12 fructidor an II)

Le directoire du département de la Loire-Inférieure invite les négociants de Nantes à profiter de la liberté du commerce pour suppléer par leur industrie et la création de fabrique nouvelles, à l'isolement où la guerre avait conduit la France.

Il les engage notamment à créer des fabriques de savon.

Le conseil fut suivi et les savonneries de Nantes jouissent encore d'une renommée méritée.

Cet appel, rédigé dans le style emphatique de l'époque, n'en est pas moins des plus remarquables par l'élévation des idées et l'esprit d'initiative dont il témoigne.

Il porte la signature de Gicqueau, président du département, et de Grélier, secrétaire général.

30 AOUT

1790

Le directoire du département de la Loire-Inférieure proteste auprès de l'Assemblée nationale contre une adresse de la commune de Nantes et de ses délégués à Paris, MM. Laënnec et Cantin, qui reprochait au directoire de laisser sans réponse les pétitions, requêtes, délibérations, présentées à son examen, d'avoir égaré une demande de trois foires franches, etc.

Le directoire prit un arrêté pour donner la plus grande publicité à sa protestation.

1791

Anne-Pierre Coustard, élu député à l'Assemblée législative, donne sa démission de commandant de la garde nationale, à raison de l'incompatibilité de ces deux mandats.

Coustard de Massy était né à Léogane (St-Domingue). Mousquetaire, lieutenant des maréchaux de France, il vivait retiré à Nantes quand la Révolution éclata. Il en embrassa les principes et prit part à tous les mouvements qui en marquèrent les débuts dans le département de la Loire-Inférieure.

L'*Ami du Roi* l'accusa d'être allé en Allemagne pour y assassiner l'empereur.

Député à la Législative, puis à la Convention, il se mêla au mouvement fédéraliste qui suivit les événements du 31 mai 1793, fut décrété d'accusation, arrêté, condamné et exécuté.

Il monta à l'échafaud le 7 novembre 1793.

Il était âgé de 52 ans.

1er SEPTEMBRE

1792

Le Conseil général de la commune, suspectant ou voulant prévenir des recélements d'armes dans la ville, mande environ 600 bons citoyens pour 6 heures du matin ; à 8 heures, on leur annonce qu'ils ont été nommés pour faire des visites domiciliaires chez tous les habitants : ce qui s'exécute et s'achève dans le jour.

(*Annales nantaises* de Guimar.)

2 SEPTEMBRE

1792

Nantes à la Convention

Election des députés de la Loire-Inférieure à la Convention nationale.

Ce furent Méaulle, Lefèvre, Chaillon, Villers, F. Mellinet père, Fouché, Coustard et Jarry.

De cette députation, le plus célèbre fut assurément Fouché qui, tout d'abord du parti de la Montagne, contribua plus tard à réaliser contre Robespierre la coalition du 9 thermidor.

Toujours disposé à se ranger du côté du manche, il devint, en 1799, ministre de la police, poste qui convenait à son esprit intrigant et ténébreux.

Sans moralité politique, sans scrupules, il se fit l'homme de Bonaparte, premier consul, et resta l'agent principal de Napoléon Ier qu'il abandonna d'ailleurs dans les mauvais jours.

Qui l'aurait pu croire? ce régicide fut ministre de la police sous Louis XVIII et, bien qu'ancien terroriste, épousa une jeune personne de la vieille aristocratie, Mlle de Castellane.

Fouché, banni en 1816, mourut à Trieste quatre ans plus tard.

3 SEPTEMBRE

1792

Julien Houquet, laboureur, sous-lieutenant de la garde nationale de Pierric, se trouvait le 3 septembre 1792, avec des gardes nationaux, au Pas-de-Roche, village voisin, quand il s'aperçut que quelques-uns d'entr'eux faisaient demi-tour, pour s'en retourner.

Il menaça de faire feu sur ceux qui s'en allaient et lâcha même un coup de fusil qui atteignit un des fuyards, Joseph Amoly, et le blessa mortellement.

Poursuivi peu après par devant le tribunal criminel de la Loire-Inférieure, il fut, quoique contumax, acquitté de l'accusation de meurtre, mais condamné à six mois de prison pour homicide par imprudence.

4 SEPTEMBRE

1794

(19 fructidor an II)

Les cartes de sûreté

A la nouvelle de l'explosion de la poudrière de Grenelle à Paris, attribuée aux aristocrates, la municipalité de Nantes nomma une commission chargée de distribuer à bref délai aux citoyens des cartes de sûreté. « C'était, dit la délibération, le seul moyen de purger la ville d'un ramas d'intrigants et de brigands dont sa proximité avec la Vendée la rend l'égoùt. »

La municipalité vota le même jour une adresse à la Convention nationale, « pour l'engager à maintenir dans toute sa vigueur le gouvernement révolutionnaire, qui seul nous fait triompher au-dehors et peut seul nous faire triompher au-dedans. »

5 SEPTEMBRE

1791

Courage de M. de Kervégan

Un attroupement d'ouvriers se forme dans
le quartier de la Chézine à propos des assignats et de la cherté du pain. De là il se rend
à l'Hôtel-de-Ville et veut pénétrer dans la
salle même des séances municipales ; la
ferme résistance d'une escouade de la garde nationale les arrêta. M. de Kervégan, le
maire en fonctions, donna ordre de faire
entrer dix des séditieux.

Le plus hardi, gardant son chapeau,
adressa quelques interpellations assez vives
à M. de Kervégan.

— Me connaissez-vous, lui dit le magis-
trat, en le fixant d'un regard qui inspirait
le respect. — Oui, Monsieur le maire, répondit celui qui, ainsi interpellé, avait
trop compté sur son audace et qu'un simple regard avait suffi pour interdire. — Eh
bien, ce nom seul me dit que vous me devez du respect... Et sans brusquerie, ôtant
lentement le chapeau de cet homme, M. de
Kervégan le lui présenta froidement.

Cette fermeté sévère, sans rudesse, calma
un instant les représentants de l'émeute.
Après quelques pourparlers, l'un d'eux dit

que, s'il en trouvait deux cents comme lui,
il serait fort peu embarrassé pour se procurer de l'argent.

— « Mon ami, lui dit paisiblement M.
de Kervégan, ce serait un vol... Les Nantais, comme tous les honnêtes gens, mépri-
sent les voleurs. »

Le rouge monta au front de l'étourdi, qui
comprit aussitôt toute la portée de ses paroles. Les conseils paternels de M. de Kervégan allaient peut-être persuader ces hommes égarés ; mais l'attroupement était devenu menaçant au dehors ; l'émeute se pro-
pageait.

M. de Kervégan prit son écharpe, monta
à cheval et se plaça devant la porte de
l'Hôtel-de-Ville. Les gardes nationaux furent convoqués immédiatement. L'un d'eux,
assailli à coups de pierre, rue du Moulin,
se fit jour à la baïonnette ; un coup de feu
fut tiré, et un homme du peuple frappé de
mort.

Le maire, le drapeau rouge à la main, fit
faire les trois sommations d'usage et prévint
les émeutiers qu'on allait faire feu, que les
bons citoyens eussent à se retirer. Enfin, la
sédition, grâce à la ferme attitude de M. de
Kervégan, se calma sans autre effusion de
sang.

6 SEPTEMBRE

1793

L'armée de Mayence

Arrivée à Nantes dans la matinée de l'intrépide armée de Mayence sous les ordres des généraux Kléber et Aubert Dubayet.

Elle fut accueillie avec enthousiasme, ainsi que le député Merlin (de Thionville) qui l'accompagnait.

Le lendemain, ce fut jour de fête : l'armée fut passée en revue par Canclaux sur la prairie de Mauves.

C'est pendant le siège de Mayence que le général Aubert Dubayet avait invité ses amis à dîner et que tous firent bombance avec un vieux matou entouré d'un cordon de souris.

On sait combien fut glorieuse la reddition de la place. C'est à son retour en France qu'une partie de l'armée de Mayence fut envoyée à Nantes pour renforcer la garnison insuffisante contre les chouans.

1791

Les cartes de cinq sous

Eu égard à la rareté du numéraire, le Conseil général de la commune de Nantes avait autorisé l'émission d'une petite monnaie de papier qui facilitait les paiements, L'agiotage faillit compromettre la valeur de ces cartes, en en dénaturant les bienfaits.

De là l'arrêté du 7 septembre 1791 créant des *cartes de cinq sous* qui devaient être échangées contre les cartes précédentes, si bien que les gens peu aisés pouvaient s'en procurer et les agioteurs n'avaient ni intérêt, ni possibilité d'en mésuser.

Cette mesure était d'autant plus nécessaire qu'il y avait eu des troubles à ce sujet les jours précédents. Les gardes nationales avaient été maltraitées, un homme avait été tué et la municipalité avait dû publier la loi martiale pour obtenir le rétablissement du calme.

La veille, M. Le Boterf, marchand épicier, avait dû démentir le bruit d'après lequel on lui imputait d'avoir prélevé deux et trois sols sur les cartes faites pour faciliter les transactions.

8 SEPTEMBRE

1793

Le représentant du peuple Phelippeaux réagissant contre la généreuse proclamation du général Beysser, quand il reprit le 14 juillet 1793 le commandement de la place de Nantes, ordonne à la municipalité « que tous les détenus mis en liberté par » les ordres du représentant Coustard ou du » commandant temporaire Beysser, fussent » réintégrés dans les maisons d'arrêt. »

« Tous les vrais républicains, dit l'arrêté, sont priés, invités et requis de dénoncer à la municipalité et même d'arrêter et de conduire devant la permanence du conseil quiconque s'avisera soit directement, soit indirectement ou méchamment, de répandre des bruits ou de tenir des propos alarmants. »

Les excès des royalistes expliquaient, sans les justifier, ces mesures rigoureuses.

9 SEPTEMBRE

1792

Célébration du premier mariage civil

Dorvo, procureur de la Commune, se présenta à la municipalité pour épouser, *par devant le maire et ses concitoyens*, la fille de Kirouard, officier municipal. M. Giraud, maire, désireux à juste titre d'entourer cette cérémonie de tout ce qui pouvait lui donner un caractère de réelle solennité, y prononça, en présence des notabilités de la la ville, un remarquable discours qui, à la demande des clubs, fut ensuite imprimé.

C'était la première application à Nantes, des décrets du 6 avril et du 22 juin 1792, c'était la prise de possession par la société laïque des registres de l'état-civil détenus jusque-là par l'Eglise.

10 SEPTEMBRE

1792

Le tribunal criminel de la Loire-Inférieure condamné à deux ans de *gênes (sic)* et à quatre heures de poteau Joseph Moyon, ancien curé de la paroisse de Batz et François Monfort, ancien curé de Saint-André-des-Eaux, pour avoir, depuis leur remplacement, ensemble et de complicité, donné méchamment et dans le but de troubler l'ordre public, un consentement, qui ne pouvait émaner que des curés actuels, au mariage de deux habitants du Croisic et pour leur avoir administré la bénédiction nuptiale.

Les deux accusés, poursuivis pour usurpation de fonctions, étaient l'un et l'autre contumax. Ils furent exposés en effigie à Guérande le 25 septembre suivant.

11 SEPTEMBRE

1792

Exposition au pilori du sieur Jean-Philippe Hallé, chirurgien à Sainte-Luce, condamné à 8 années de fers par le tribunal criminel de la Loire-Inférieure pour avoir distribué de fausses cartes patriotiques.

C'étaient, à l'époque, des crimes assez communs et il suffit, pour s'en convaincre, de feuilleter les registres du tribunal criminel conservés au greffe du Palais-de-Justice. Ils sont du reste curieux à plus d'un titre et, politique à part, fourmillent de détails intéressants sur les mœurs et les épisodes multiples de cette période mouvementée.

Beaucoup d'historiens y ont déjà eu recours, mais il reste encore pour les chercheurs à glaner après eux.

12 SEPTEMBRE

1792

Le château de Nantes, qui avait un aspect plus rébarbatif qu'à présent, servait de détention aux prêtres insermentés qu'on arrêtait dans la ville et le département.

Il reçut également des ecclésiastiques venus d'Angers et même du Mans. Tous ne firent d'ailleurs qu'un court séjour au château de Nantes. Brée, capitaine de la *Didon*, navire de 300 tonneaux, les embarqua à son bord et se chargea de les transporter aux Açores, où ils ne troubleraient plus le pays.

Quelques jours après, les couvents de femmes qui ne servaient plus qu'à tenir des conciliabules fanatiques furent évacués par ordre. On en ouvrit les portes, avec ordre aux religieuses de se disperser.

Des femmes se portent en foule à la mairie, se plaignant de l'enlèvement clandestin des grains de Nantes : on les faisait sortir, disaient elles, dans des barriques à sucre.

M. de Kervégan, maire, parvint à dissiper cet attroupement, mais l'agitation persiste, L'exaspération populaire devint telle qu'il fut impossible de laisser sortir plusieurs charrettes chargées de grains que le peuple retenait. On ne put réussir qu'à conduire les grains à la mairie.

La mairie, pour éviter jusqu'aux moindres occasions de rassemblement, interdit les représentations équestres du cirque Franconi et Asthley.

Enfin, une proclamation adressée à la population et appuyée par la garde nationale, ramena l'ordre dans les esprits.

D'autre part, par le produit d'une souscription volontaire, la ville avait formé un fonds de plus de 400,000 livres pour achat de grains, et, dans le même but, elle prélevait 240,000 livres sur sa contribution patriotique.

14 SEPTEMBRE
1794

Acquittement par le tribunal criminel révolutionnaire de Paris des survivants des 132 Nantais envoyés à Paris, par ordre de Carrier.

Ils furent mis en liberté, au nombre de 94, après sept jours de débats, au milieu des cris de *Vive la République* et des embrassements de leurs parents et amis.

Le même jour, comme contre-coup de cet acquittement, une accusation directe fut portée contre Carrier à la tribune de la Convention nationale par Merlin (de Thionville) et Duroy.

Carrier essaie en vain de se justifier.

Carnot intervint dans le débat pour dire :

Deux systèmes ont été proposés au Comité de Salut public : le premier de terminer la guerre de la Vendée par la force des armes, le second, d'employer la douceur pour ramener les esprits et c'était le mien.

Merlin (de Thionville) ajouta :

Tant que le plan de Carnot a été suivi, nous avons été victorieux dans la Vendée ; quand on a tué et volé, nous avons été battus.

Une voix tonnante fit entendre ces mots :

On a dit que, partout où il y avait des scélérats, il fallait les punir ; il y en a ici, je demande qu'ils soient punis.

Néanmoins l'arrestation de Carrier ne fut pas encore ordonnée ce jour-là.

1794

(29 fructidor an II.)

Les débuts du *Phare de la Loire*

La *Feuille Maritime de Nantes* annonce dans le nº 104 de sa treizième année d'existence, daté de nonidi 29 fructidor an II qu'elle va se réunir au *Portefeuille Nantais* et à l'*Affiche de Nantes*.

La *Feuille Nantaise* qui était la suite de la *Feuille Maritime*, parut le 1er vendémiaire an III ; elle fut continuée depuis par l'*Ami de la Charte*, devenu sous Louis-Philippe le *National de l'Ouest*, journal qui, frappé en 1852 par le régime impérial, prit le nom qu'il porte encore de *Phare de la Loire*.

Il en est peu en France qui aient atteint une aussi belle vieillesse !

Détail presque incroyable ! Bien que Carrier fût resté à Nantes jusqu'au 8 février 1794, la *Feuille maritime*, se renfermant dans le domaine exclusivement maritime et commercial, ne parle pas du fameux conventionnel et n'imprime pas son nom en 1794, pas même pour signaler son départ.

16 SEPTEMBRE

1791

La ville de Nantes reçoit la nouvelle que Louis XVI avait accepté et juré solennellement l'acte constitutionnel.

Il fut décidé qu'à ce sujet la ville de Nantes ferait une adresse au roi, en réponse à la lettre qu'il avait adressée à l'Assemblée nationale.

Une cérémonie solennelle eut lieu quelques jours après, le 25 septembre, à cette occasion.

17 SEPTEMBRE
1789
Le recensement de la population

La municipalité de Nantes publie l'avis suivant :

AVIS

Le Comité d'administration de la ville de Nantes instruit que des gens malintentionnés répandent dans le public que l'opération du dénombrement des maisons et des habitants, à laquelle il fait travailler, a pour objet de former le cadastre d'une imposition nouvelle et inconnue en Bretagne, s'empresse d'avertir le public qu'il n'en a jamais entrepris et qu'il n'en entreprendra jamais qui ne tende au soulagement de ses concitoyens, au rétablissement de l'ordre, au maintien de la sûreté et de la tranquillité publique ; que l'objet principal du recensement dont il s'occupe en ce moment, est de connaître sans distinction de rang, ni d'ordre, le nombre de ceux qui doivent composer une milice citoyenne ; que son objet secondaire est de connaître l'étendue de la population de cette ville, pour mesurer sur cette base, les précautions à prendre pour ses approvisionnements et sa subsistance ; et enfin, de distinguer par ce dénombrement, les habitants honnêtes des habitants suspects pour assurer le repos des premiers, surveiller la conduite des autres et travailler au bonheur de tous.

La proclamation se termine par un appel aux bons citoyens d'une ville « qui a eu le bonheur de se garantir jusqu'à présent de tout trouble et de toute sédition. »

18 SEPTEMBRE

1789

Patriotisme des chapelains

Les chapelains de l'église cathédrale de Nantes viennent offrir à la municipalité de contribuer, selon leurs facultés, aux frais d'une bonne police.

Ils déclarent renoncer à leurs priviléges particuliers et se soumettre aux décrets de l'Assemblée nationale « dont l'équité, les » lumières et les réflexions profondes doi- » vent rassurer toutes les classes de l'Etat. »

La municipalité félicite les chapelains de leurs sentiments patriotiques, en regrettant le silence prolongé de Messieurs du Chapitre.

19 SEPTEMRRE

1789

Il est fait lecture à l'Assemblée nationale d'une adresse de plusieurs écoliers de la ville de Nantes qui offrent, à titre de don patriotique, une somme de 260 livres 12 sols.

Les élèves de M. de La Feuillade, de Nantes, ont offert 669 livres et M. de La Feuillade, pour sa part, en a offert 300.

Il serait intéressant de reprendre dans la liste des dons patriotiques, les noms des membres de la noblesse et du clergé qui, dans l'élan d'un enthousiasme bien éphémère, avaient tenu, au début de la Révolution, à participer spontanément aux charges nationales.

20 SEPTEMBRE

1796

(4e jour complémentaire de l'an IV).

Avis

L'administration municipale de Nantes, désirant donner à la fête de l'anniversaire de la fondation de la République toute la solennité et tout l'éclat que les moyens dont elle dispose lui permettent, invite ses concitoyens à fermer leurs boutiques et à ne faire aucun étalage dans les rues et places, le 1er vendémiaire prochain.

Elle aime à se persuader que tous s'empresseront de célébrer une époque aussi glorieuse et aussi chère à tous les bons Français.

Défend à tous cochers, rouliers et voituriers de circuler, ledit jour 1er vendémiaire prochain, depuis midi, dans les rues ci-après, savoir : rue de la Commune, petite rue dite des Carmes, rue Fontenelle, Casserie, de Nicolas, place Egalité, rue Contrescarpe et allée du Calvaire.

Les commissaires de police tiendront la main à l'exécution de cette mesure de sûreté publique.

Nantes, le 4e jour complémentaire de l'an 4me de la République française une et indivisible.

21 SEPTEMBRE

1789

Le lundi 21 septembre, à six heures du soir, un inconnu se présentait chez M. Lefebvre de La Chauvière, porteur d'une lettre contenant quatre louis d'or.

C'étaient deux commis-négociants de Nantes qui, désireux d'imiter le zèle patriotique des dames artistes de Paris, remettaient à la ville leur offrande destinée à la Caisse nationale, avec l'èspérance qu'elle serait agréée par l'Assemblée nationale.

Ils demandaient, à la fin de leur lettre, la permission de ne pas se nommer.

M. Lefebvre de La Chauvière était médecin. C'était lui qui servait de secrétaire , à Nantes, aux députés du tiers à l'Assemblée nationale et surveillait, en cette qualité, le *Journal de la Correspondance*.

22 SEPTEMBRE

1792

Une députation des amis de la liberté et de la légalité — c'est ainsi qu'ils se qualifiaient dans leur requête — se présente à la mairie, en demandant « la fonte des objets d'argent qui se trouvaient dans les églises, pour le produit en être employé aux besoins de la guerre ».

Le Conseil communal accueillit favorablement cette motion qui se renouvelait presque partout alors en France et la transmit au département, avec demande de consacrer ce produit à l'équipement des volontaires.

On a parfois reproché à la Révolution des mesures de ce genre. Dans son œuvre des *Misérables*, Victor Hugo a mis dans la bouche d'un vieux conventionnel cette parole qui répond admirablement à de pareils reproches :

— J'ai déchiré la nappe de l'autel, il est vrai, mais c'était pour panser les blessures de la patrie.

Les députés de Nantes avisent leurs commettants qu'ils s'opposeront à l'introduction dans la province de Bretagne de l'impôt projeté pour remplacer la gabelle.

On sait, en effet, que, par privilége spécial, la Bretagne ne connaissait pas l'impôt inique sur le sel. Déjà l'Assemblée nationale avait réduit le droit de 13 sous à 6 sous et décrété que la fraude jadis sévèrement réprimée n'emporterait aucune peine corporelle, mais elle songeait, dans une pensée budgétaire, à substituer à la gabelle une taxe représentative.

Il est facile de comprendre que les députés de Nantes fussent hostiles à cette taxe qui, bienfaisante relativement pour d'autres provinces, aggravait pour Guérande et ses environs la situation antérieure.

Voici ce qu'ils demandaient :

« Nous demandons la liberté du commerce du sel dans tout le royaume, sans aucune entrave et sans aucune imposition, avec faculté aux étrangers de s'en approvisionner, sans payer plus de droits dans un port que dans un autre, sauf à l'Assemblée nationale à aviser, dans sa sagesse, aux moyens de remplacer l'impôt de la gabelle dans les provinces qui y sont assujetties. »

1792

La proclamation de la République

Un courrier extraordinaire apporte à Nantes la nouvelle que la convention a aboli la royauté en France.

En signe d'allégresse, le canon est tiré; une adresse de félicitations est envoyée à la Convention nationale; des femmes vont offrir le bonnet phrygien à la Société des Amis de la Liberté et de l'Egalité, en engageant les jeunes citoyens à courir à la frontière pour défendre la patrie :

« Il faut, disaient-elles, que le souvenir
» des Lacédémoniennes nous présente sans
» cesse des modèles à imiter. »

Des appels aux armes étaient partout affichés. Une copie authentique de la *Marseillaise* était adressée à la municipalité, afin qu'il n'y fût rien changé. Elle s'appelait alors l'*Hymne* des Marseillais.

25 SEPTEMBRE

1791

Le maire de Nantes prononce un discours patriotique sur le cours à l'occasion de la publication de l'acte constitutionnel. Il le présenta à la foule qui l'entourait, en ajoutant :

— Quelle reconnaissance ne devrons-nous pas à nos législateurs, d'avoir terminé ce grand ouvrage s'il remplit leurs vues bienfaisantes ? Quelle reconnaissance ne devrons-nous pas au roi qui l'a sanctionné par son acceptation ? Puissent-ils jouir longtemps de notre bonheur !

La fête était trop intéressante pour se terminer aussitôt après : elle continua tout le jour et une partie de la nuit.

Plusieurs citoyens distribuèrent gratuitement du pain et de la viande au milieu de la place du Pilori. Un grand feu y avait été allumé: on dansait tout autour, aux cris de : *Vive la nation ! Vive le Roi !*

26 SEPTEMBRE

1792

Un discours de l'évêque Minée

Discours prononcé dans la chaire de Saint-Pierre par l'évêque Minée à l'occasion de la déchéance de la royauté :

Il s'y élève « contre les statues, les mausolées dédiés par le génie à des hommes avides de pouvoir et qui n'épargnaient rien pour s'élever au-dessus des lois, à des conquérants farouches qui ne respiraient que dévastation et carnage, à d'effrenés dissipateurs rendus fameux par une magnificence étalée aux dépens des larmes et des sueurs du peuple, par une habileté cruelle à consumer chaque jour en profusion de tout genre la subsistance de plusieurs milliers de malheureux. La multitude extasiée devant ces monuments de la vanité ou d'une basse flatterie, s'accoutumait à révérer ceux en l'honneur desquels ils avaient été érigés. »

27 SEPTEMBRE

1790

Un grave incendie avait détruit le 6 septembre deux cents maisons à Limoges. 400 familles étaient réduites à la misère. La municipalité de Limoges sollicita des secours des principales municipalités de France par une lettre des plus pathétiques.

Par arrêté du 27 septembre, le Conseil général de la commune invita « les citoyens sensibles, bienfaisants et généreux » à remettre leurs offrandes à l'Hôtel-de-Ville en faveur, disait l'avis, « de nos frères infortunés de Limoges. »

1795

Le mouvement de la population en l'an III

Naissances légitimes..	2.489	
Naissances naturelles.	266	2.755
Mariages............		831
Divorces............		58
Décès des sections et hôpitaux............		4.648

28 SEPTEMBRE

1796

La *Feuille nantaise* du 7 vendémiaire an V, publie le curieux avis que voici :

Le citoyen Précourt, chef de bataillon au deuxième de la Loire-Inférieure , invite *tous ses créanciers* à dîner demain 8 vendémiaire courant chez le citoyen Richard, restaurateur, place Graslin.

PRÉCOURT.

Il est vraiment dommage que la *Feuille nantaise* n'ait pas dit en même temps à quel propos le citoyen Précourt avait organisé ce singulier banquet.

Quoi qu'il en soit, cet exemple n'a pas rencontré de nombreux imitateurs, et les créanciers de Précourt ont dû être les premiers surpris de cette étrange invitation.

29 SEPTEMBRE

1790

Scrutin pour la formation des nouvelles compagnies de la garde nationale.

1,586 suffrages ont été donnés en faveur des compagnies qui seront libres pour toute la ville et dans les faubourgs ; 502 en faveur des compagnies qui seront obligées par ordre de rues et de numéros de maisons.

La municipalité invita le même jour les citoyens actifs à se former en compagnies de 120 hommes. La nomination des officiers et sous-officiers devait se faire ultérieurement.

C'est cette même garde nationale qui, moins de trois ans plus tard, devait prendre une part si énergique et si heureuse à la défense de Nantes et de la République.

1789

136 paroisses de la sénéchaussée de Nantes, contre 74, renoncent aux privilèges de la province, accordent aux députés à la Constituante des pouvoirs illimités et signent leur adhésion aux décrets du 5 août, en renonçant aux privilèges de la province de Bretagne.

Malgré les mécontents, cette assemblée s'est passée avec la plus grande tranquillité, et, dans la plupart des paroisses, quand on avait délibéré si l'on sacrifierait au bien général de la nation des avantages particuliers, il s'était rencontré, suivant une expression du temps, plus de Français que de Bretons.

Parmi les familles nobles qui renonçaient à leurs privilèges, figuraient, en tête des signataires, les familles de Becdelièvre, de Coislin, etc.

1er OCTOBRE

1790

La magistrature élective.

Voici la liste des juges élus par l'assemblée des électeurs du district :

MM.

Delaville, lieutenant civil et criminel au présidial ;
Fellonneau, avocat du roi ;
Maussion, avocat ;
Chaillon, avocat, député de Nantes à l'Assemblée Nationale ;
Pineau, avocat, officier municipal.

Suppléants :

MM.

Marion de Procé, avocat ;
Gandon, avocat ;
Baron, avocat ;
Gédouin, avocat.

C'était la première application faite de la magistrature élective et il paraît certain qu'au début elle ne donna pas de regrets aux justiciables.

2 OCTOBRE
1795
(10 Vendémiaire, an IV)
Hoche et Charette

Nantes, 10 Vendémiaire.

Le général en chef Hoche m'écrit de son quartier-général de Machecoul, en date du 9 vendémiaire et m'annonce que Charette a été battu complètement, à Saint-Cyr, par nos troupes républicaines.

Guérin, chef du canton de Saint-Mars, y a été tué, ainsi que quatre cents hommes du nombreux rassemblement des brigands qui était, dit-on, de vingt mille.

La marche des colonnes a achevé de dissiper le restant. Nous avons eu onze hommes de tués et vingt-trois de blessés.

Le général en chef Hoche m'annonce qu'il est on ne peut plus satisfait de la bonne conduite des troupes dans leur marche sur Belleville, où elles sont arrivées avant-hier dans le plus grand ordre et sans qu'on puisse leur reprocher d'avoir pris la moindre des choses. Les paysans insurgés qu'on trouvait sans armes en paraissaient assez contents ; ces malheureux lui ont même dit combien ils étaient dégoûtés de cette cruelle guerre.

Pour copie conforme :

L'adjudant général,
DUTILH.

3 OCTOBRE

1791

Les chefs et commis des bureaux de l'Administration présentent au district une pétition demandant la faveur de tirer au sort celui d'entr'eux qui, en leur nom, ferait sur les frontières et partout où besoin serait, le service de garde national.

Le directoire du district y consentit, en décidant que la place de celui qui partirait lui serait conservée et qu'il jouirait de ses appointements jusqu'à son retour, à charge de se faire remplacer par un sujet capable.

Les commis firent à leur collègue appelé à partir une somme de 900 livres par an, à prélever sur leurs appointements.

Le sort désigna un sieur Gilbert qui reçut avec enthousiasme cette faveur du hasard.

4 OCTOBRE

1790

Les Nantais à Londres

MM. Français et Bougon, membres de la Société des Amis de la Constitution à Nantes, députés à Londres, y sont reçus par la Société de la Révolution avec un véritable enthousiasme.

Il y eut un grand banquet et toute une série de *toasts* à l'Assemblée Nationale de France, à la mémorable Révolution de France, à la cause de la liberté politique et religieuse dans le monde, à une paix éternelle entre la France et l'Angleterre.

Le discours de M. Bougon se terminait ainsi :

— La grande famille du genre humain, plus éclairée sur ses droits et sur sa véritable grandeur, marche d'un pas assuré dans la carrière que l'Angleterre lui a tracée, brise ses fers pour s'unir par les liens de la fraternité. Puissent un jour les Nations reconnaissantes et sages élever, sur les rives de la Tamise, la Colonne conservatrice du Contrat social de l'Univers.

5 OCTOBRE

1790

Par arrêté du département et du district de Nantes, tous les titres, offices et dignités, canonicats, prébendes, demi-prébendes, chapelles, chapellenies et tous autres bénéfices et prestimonies dans la cathédrale et les collégiales de la Loire-Inférieure, autres que les offices et dignités d'évêque et de curés, sont éteints et supprimés.

Les paroisses de Saint-Jean, Saint-Laurent, Sainte-Radegonde et Notre-Dame furent réunies à l'église épiscopale.

Ces réformes nécessaires furent accueillies avec une réelle satisfaction par le clergé lui-même.

6 OCTOBRE

1791

Les dames patriotes de la ville de Nantes viennent au directoire du département offrir aux jeunes soldats de la Loire-Inférieure un drapeau national avec ces mots, « tracés des mains de la beauté » : *Vivre libre ou mourir.*

Le directoire ne pouvait manquer de voter des remerciements à ces dames. Il arrêta qu'une expédition de son arrêté leur serait délivrée sur le champ, comme un témoignage authentique et un hommage rendus à leurs vertus civiques, qu'il en serait adressé une autre à l'Assemblée législative et que le tout serait inséré dans les papiers et journaux publics.

Du reste, à plus d'une reprise, les femmes jouèrent un rôle actif au cours de la Révolution.

7 OCTOBRE

1795

L'escadre anglaise, qui stationnait dans la baie de Bourgneuf, menaçant cette ville et Noirmoutier, appareille pour l'Angleterre.

.*.

Première représentation sur le théâtre de la République (salle Graslin) d'*Othello*, tragédie en cinq actes, de Ducis.

Les principaux rôles étaient tenus comme suit :

Othello.......... Le citoyen Gabriel.
Odalbert......... Le citoyen Dugrand.
Desdémone...... La citoyenne Belavoine.

Il est à noter en effet, qu'au milieu de la tourmente révolutionnaire, le théâtre joua presque constamment, et que Ferville trouva moyen, même avec une troupe médiocre, de gagner de l'argent, en distribuant des billets d'abonnement à bas prix.

8 OCTOBRE

1793

Arrivée de Carrier à Nantes

La mission de Carrier qui se bornait dans le principe à l'armée des côtes de Cherbourg, c'est-à-dire à la seule Normandie, fut ensuite agrandie et étendue à la Bretagne, par décret du 14 août, rendu sur la proposition de Hérault de Séchelles :

« La Convention Nationale, après avoir entendu le rapport du comité du salut public, autorise les citoyens Carrier et Pocholle, représentants du peuple près l'armée des côtes de Cherbourg, à aller dans les départements du Finistère, Ille-et-Vilaine, Côtes-du-Nord, Morbihan et Loire-Inférieure, pour y continuer leur mission et y prendre toutes les mesures de défense intérieure et extérieure qui leur paraîtront nécessaires. »

9 OCTOBRE

1795

Mort du général Boussard

Le général Boussard meurt des suites des glorieuses blessures reçues par lui dans la guerre de Vendée.

C'était grâce à son intervention auprès du Comité révolutionnaire d'Angers que les cent trente-deux Nantais envoyés à Paris avaient dû de n'être pas fusillés en route.

Le souvenir de cette conduite courageuse avait inspiré à un Nantais le quatrain suivant dont l'intention valait mieux que le style :

Boussard vient de mourir ainsi qu'il a vécu.
Il conserva vos jours… pleurez un ami tendre.
Pleurez, Nantais, de ne pouvoir lui rendre,
Ce que vous en avez reçu.

10 OCTOBRE

1793

La mairie Renard

Jean-Louis Renard, peintre-vitrier, est nommé maire de Nantes par Carrier, en remplacement de Baco.

Les officiers municipaux étaient :

Garreau, négociant ;
Pacqueteau aîné, marchand de fer ;
Joullain, marchand ;
Piton, cordonnier ;
Champenois, potier d'étain ;
Lamarie, statuaire ;
François aîné, charcutier ;
Robinot-Bertrand, sculpteur ;
Pelleyet, menuisier ;
Bigot, boucher ;
Gaignard, tripier ;
Lemaitre, marchand ;
Froust père, négociant ;
Paimparay, négociant ;
Ferraud, faïencier ;
Guillaume Gallon fils, raffineur ;
Mailliet, négociant ;
Barré, doreur ;
Coiquaud, procureur syndic.

11. OCTOBRE

1791

ASSEMBLÉE NATIONALE

Seconde législature

Séance du 11 octobre 1791

Des députés extraordinaires de la ville de Nantes sont venus présenter à l'Assemblée les protestations de cette obéissance sans bornes à la loi qui constitue à la fois et la liberté et le nombre des citoyens d'un Empire.

(Extrait du *Journal de la Correspondance de Nantes*).

12 OCTOBRE

1790

Les habitants du district congédient, à l'issue des vêpres, les chanoines de la Cathédrale, qui cessèrent le dimanche suivant leurs fonctions sacerdotales. Peu après, les chanoines de la Collégiale furent également congédiés.

Un arrêté du directoire du département du 13 octobre ratifiait cette décision, et enjoignait aux chantres, musiciens, officiers et serviteurs laïcs de l'église cathédrale, qui continueront leur service, de se comporter avec décence et de garder la police du chœur.

13 OCTOBRE

1793

Le tribunal de police correctionnelle de Nantes condamne à 100 livres d'amende et à l'affiche du jugement à cent exemplaires Arnould Grard père, prévenu d'avoir le 26 septembre précédent troublé le citoyen Corron, membre de la Commission civile et administrative près l'armée des côtes de Brest, dans la vente qu'il faisait de vins appartenant à la République.

Grard, par ses discours, avait excité une émeute populaire et sans l'intervention de la force armée, il y aurait eu effusion de sang.

14 OCTOBRE

1789

Hommage à M. de Kervégan

Le bureau dé la ville vote une somme de 150 livres pour faire présent d'une épée à M. de Kervégan, pour la porter dans toutes les cérémonies publiques. D'un côté, devaient être gravées les armes de la ville ; de l'autre, celles du maire, avec la devise de son choix. L'usage de ce don remontait à 1767.

Quelques jours auparavant, le bureau avait voté 300 livres pour le portrait du maire sortant de charge.

Du reste, Daniel de Kervégan était digne de ces témoignages de sympathie.

Son nom a été conservé à une des rues de l'île Feydeau, que le public appelle aussi rue du Milieu, parce qu'elle traverse l'île par le milieu dans le sens de la longueur.

1795

Est-il de l'intérêt de la République française de reculer ses limites jusqu'aux bords du Rhin ?

Cette question mise au concours par la Convention avait suscité des travaux de la part de 56 citoyens désireux de gagner les prix dont le montant était déposé chez Louvet, représentant du peuple. Il y avait 11,000 liv. à partager entre les deux premiers et 8,000 entre les deux seconds.

Un des seconds prix fut décerné au citoyen Athenas, fabricant de sels et acides minéraux, secrétaire du bureau de correspondance du commerce de Nantes.

Il s'était prononcé pour l'affirmative, en recherchant quelles pourraient être les suites de la liberté illimitée du commerce de la Belgique dans les deux Indes, relativement aux ports situés sur l'Océan et surtout à celui de Nantes.

Il excluait la Belgique du commerce dans les deux Indes, mais en compensation, lui attribuait exclusivement le commerce de la Baltique pour lequel les ports belges sont avantageusement situés.

16 OCTOBRE

1790

Election du commandant en chef de la garde nationale.

Deux candidats se disputaient les suffrages : c'était Coustard de Massy et Robineau de Bougon. Coustard avait tout d'abord obtenu 813 voix contre 746 à Robineau sur 1716 suffrages exprimés.

Il fallut un scrutin de ballottage. Le nombre des votants s'accrut jusqu'au chiffre de 2227 et cette fois Coustard de Massy fut élu par 1218 suffrages.

Il donna sa démission de président du département pour garder le commandement de la garde nationale.

L'uniforme était composé comme suit : Habit bleu, doublure blanche, parements et revers écarlate, avec passepoil blanc, collet blanc à passepoil écarlate, contre-épaulettes en or, retroussis écarlate portant le mot *Constitution* d'un côté et *Liberté* de l'autre ; veste et culotte blanches, chapeau à cornes à houpettes rondes et plates ; boutons dorés portant une couronne civique avec les mots : *la loi et le roi*.

Le *roi* n'y resta pas longtemps !

17 OCTOBRE

1791

Delessart, ministre de l'intérieur, félicite, au nom du Roi, le maire et les officiers municipaux de leur attachement à la Constitution que Sa Majesté veut maintenir et défendre de tout son pouvoir.

Ces échanges de félicitations dont nous ne voyons aujourd'hui que le côté banal, avaient au contraire à l'époque une importance extrême. Jusque là, en effet, les municipalités ou les bureaux de ville qui en tenaient lieu ne correspondaient pas directement avec le chef de l'Etat, si bien que ces premières manifestations de l'autonomie communale, tout insignifiantes qu'elles nous paraissent, constituaient alors pour les citoyens la preuve même des conquêtes qu'ils avaient réalisées.

18 OCTOBRE

1789

Dons patriotiques

La Communauté des Maîtres Tailleurs de
la ville de Nantes verse à la caisse de M. Vi-
rieux, trésorier, la somme de 2,000 livres
pour la Caisse nationale.

MM. les Tailleurs ont également versé
1,000 livres à M. Rozier pour l'approvisionnement des grains de la Ville.

Le même jour, M. Odéa, interprète des
langues étrangères à Paimbœuf, versait la
somme de 250 livres formant le quart du
revenu de sa charge, comme don patriotique
à la Caisse nationale.

19 OCTOBRE

1789

Au nombre des dons patriotiques que le président de l'Assemblée constituante annonce à ses collègues, figure celui de la communauté des Religieuses Ursulines de Nantes : un don de 5,000 livres, formant bien au-delà du quart de leur revenu.

20 OCTOBRE

1799

Profitant de l'absence d'une partie de la garnison qui avait quitté la ville pour marcher sur Châteaubriant, les rebelles de la Vendée pénétrèrent dans Nantes, grâce à la brume, à 4 heures du matin ; il s'engagea plusieurs combats dans les différents quartiers de la ville ; 21 habitants furent tués et 41 blessés. Parmi les premiers, se trouvait M. de Sacy, commandant de bataillon de la 19e brigade d'infanterie légère, et parmi les derniers, M. Saget, maire de la ville, auquel par la suite de ses blessures, l'on dut faire l'amputation de la jambe droite.

A six heures du matin, les habitants avaient repoussé les rebelles hors des limites de la ville.

Pendant la durée de ce combat, les chouans s'étaient portés au Bouffay où ils avaient délivré quinze des leurs, d'autres avaient essayé de piller les caisses publiques, tandis que le gros de leur troupe restait auprès du pont du Port-Communeau pour protéger la retraite.

Leurs pertes furent, dit-on, très considérables.

1789

Les habitants du Mont-Jura, restés serfs jusqu'au moment où un décret de l'Assemblée nationale leur a rendu la liberté, lui ont délégué, à titre de reconnaissance, le doyen d'entr'eux, un vieillard de *cent vingt ans*.

L'Assemblée tout entière lui a fait la même réception qu'au roi lui-même. Elle s'est levée quand il est entré et sur le vœu qu'elle a formulé, le président l'a prié de s'asseoir dans un fauteuil en face du sien et de se couvrir.

C'était sans doute le doyen des citoyens français ; il avait vécu près de cinquante ans, sous le règne de Louis XIV.

Sur la proposition de M. Pellerin, député de Nantes, une souscription a été ouverte, séance tenante, au sein de l'Assemblée, en faveur de ce vénérable vieillard.

Une lettre de M. Giraud, député de Nantes, parle ainsi de cette séance :

« Si on excepte la députation qui n'a pas été envoyée à sa rencontre, ce respectable villageois a eu, dans l'Assemblée nationale, la réception réservée au monarque et qu'elle n'a pas cru devoir faire à tous les ministres réunis, quand ils se sont présentés devant elle. »

22 OCTOBRE

1791

Assemblée nationale législative

L'ordre du jour appelait les mesures à prendre contre les prêtres réfractaires qui ne cherchaient qu'à exciter le peuple contre les décrets de l'Assemblée.

Parmi les orateurs qui prennent la parole, figure M. Mosneron, de Nantes, qui a demandé l'exécution des lois contre les prêtres fanatiques, l'établissement d'écoles primaires dans les campagnes et la rédaction d'un catéchisme moral et politique.

23 OCTOBRE

1791

Duportail, ministre de la guerre, invite le directoire du département de la Loire-Inférieure à nommer un chirurgien pour être attaché à ceux des bataillons des gardes nationales volontaires, destinées à marcher à la défense des frontières, qui n'en auraient pas encore.

A la suite de la lettre ministérielle, le département invita les postulants à se faire inscrire sans délai au secrétariat, en déposant les titres et certificats nécessaires pour prouver leurs capacités.

1792

Le tribunal criminel de la Loire-Inférieure acquitte Jean Dochez, orfèvre, rue du Bignon Lestard, prévenu de fabriquer de fausses cartes de trois livres, imitant celles de la caisse patriotique de Nantes. Surpris en train de les fabriquer, il les avait jetées dans les latrines de la maison où il logeait.

Ce qui provoqua sans doute son acquittement, c'est que les cartes étaient faites à la main et à la plume, et néanmoins imitées au point de s'y méprendre. Les seings mêmes des signatures étaient comme calqués.

On considéra qu'un tel faussaire aurait peine à inonder le marché de ses contrefaçons.

Dochez s'était engagé dans le bataillon du Morbihan pour se rendre au Cap, mais il avait manqué à Saint-Nazaire le départ du bateau, parti un jour d'avance.

25 OCTOBRE

1792

La garde nationale est réorganisée en deux légions dont voici la composition :

Légion de l'Orient

Bataillon des vétérans comprenant les compagnies de la *Prudence*, de la *Persévérance*, de l'*Harmonie* et de la *Sagesse*.

Bataillons du Change, du Département, de l'Ile Feydeau, des Ponts, de la Liberté, du Bouffay, de Cincinnatus.

Légion de l'Occident

Bataillons de l'Egalité, de la Chézine, de la Fosse, des Agriculteurs, de Mirabeau, de la Bourse, de Graslin, de Buffon.

Cavalerie.

Volontaires marins.

Bataillon des élèves de la garde nationale.

Les bataillons se distinguaient les uns des autres par leurs houpettes qui variaient soit par leurs couleurs, soit par leurs dispositions.

26 OCTOBRE

1793

La compagnie Marat

Carrier fait organiser par Goullin une compagnie de soixante hommes, chargée tout spécialement du service des perquisitions domiciliaires et au besoin de l'arrestation des suspects.

Cette compagnie prit le nom de compagnie Marat.

Ce fut elle qui arrêta et fit incarcérer dans les prisons de Nantes bon nombre de citoyens qui avaient eu le malheur de déplaire à tel ou tel de ses membres :

Il se glissa dans cette compagnie, dit Guépin, mais en petit nombre, des commerçants et des employés des administrations que l'on disait fort honnêtes gens : la plupart étaient de ces trembleurs auxquels la peur peut arracher des crimes et qui sacrifient tout pour éviter un danger.

27 OCTOBRE

1790

Expilly, président du Comité ecclésiastique de l'Assemblée nationale, adresse au nom de ce comité une lettre de félicitations au directoire du département de la Loire-Inférieure pour le zèle qu'il mettait à l'exécution des nouvelles lois sur la constitution civile du clergé.

« Le comité, ajoutait Expilly, vous invite à continuer vos démarches, pour faire revenir l'évêque de Nantes dans son diocèse ; et, en cas qu'il s'obstine, de vous conformer à cet égard aux décrets de l'Assemblée nationale. »

L'évêque de Nantes persista dans sa désobéissance aux lois votées par la Constituante et fut remplacé par l'évêque constitutionnel Minée.

28 OCTOBRE

1795

(6 brumaire an IV)

Le général Hoche donne ordre au général Willot de poursuivre avec une colonne de 1800 hommes les partisans de Sapineau et de leur enlever le plus de grains et de bestiaux qu'il sera possible.

Son ordre se termine ainsi :

« Vous voudrez bien, avant d'entrer dans le pays insurgé, faire imprimer en placard ces mots : « *Aux Insurgés*. La République enlève » vos grains et bestiaux pour vous punir de » votre perfidie dans l'affaire de Mortagne » rendez vos armes et vous aurez vos bœufs. »

» Vous les ferez répandre partout, en observant religieusement la condition, c'est-à-dire de rendre les bestiaux à ceux qui vous rapporteron leurs armes.

« Cette expédition doit être faite avec la plus grande discrétion possible. »

29 OCTOBRE

1790

L'Assemblée nationale décrète, sur la proposition de M. Gossin, membre du Comité de Constitution, qu'il y aura six juges de paix dans la ville de Nantes.

Cette organisation n'a pas été modifiée depuis.

Les justices de paix étaient une création de la Révolution qui avait tenu à rapprocher les justiciables du juge et à organiser une magistrature toute conciliante qui pût étouffer, dans leur germe, des procès longs et coûteux, grâce à une solution faite de concessions réciproques.

La plupart des cahiers de 1789 réclamaient, sous des formes diverses, l'institution d'une magistrature pacifique, expéditive et à bon marché.

30 OCTOBRE

1789

La liste des personnes qui avaient remis à la Monnaie de Nantes leur vaisselle, en vertu de l'arrêt du Conseil du 20 septembre précédent, est assez curieuse. Voici quelques-uns des noms qui y figurent :

Obyrne, supérieur du séminaire irlandais, une boîte en or pesant 3 marcs, 14 onces 18 grains.

Les religieux de l'abbaye de Villeneuve, vaisselle pesant 26 m. 1 once 12 gr.

Les religieux de l'abbaye de Buzay, en vaisselle 188 m. 1 once 21 gr..

M. de La Laurencie, évêque de Nantes, les Carmes, les Cordeliers, les Bénédictins de Saint-Jacques, ceux de Vertou, les Jacobins de Nantes, les Religieuses du Calvaire, etc., etc., donnaient également.

31 OCTOBRE
1791

Par arrêté du 31 octobre 1791 de la municipalité de Port-au-Prince, il est enjoint au sieur Colmin, capitaine du navire l'*Emmanuel*, de Nantes, de prendre et de recevoir à son bord, en exécution de la police d'affrétement passée avec lui le 28 octobre, les nègres et mulâtres au nombre de 218, suivant l'état nominatif dont le sieur Colmin est porteur, pour par lui les conduire sous l'escorte du brigantin du roi la *Philippine* à la baie des Mosquitos située au vent du cap Gracias-a-Dios, sur la côte d'Honduras.

Et dans le cas où le débarquement des dits nègres et mulâtres éprouverait quelque difficulté, il est ordonné audit capitaine de les descendre plus bas, jusqu'à ce que le débarquement puisse en être fait sans obstacle ;

Et si enfin ce débarquement ne pouvait absolument avoir lieu sur la terre ferme, le dit sieur Colmin sera tenu de débarquer les dits nègres et mulâtres sur une isle quelconque, lui enjoignant expressément de ne pas les ramener à Saint-Domingue, sous quelque prétexte que ce soit, le tout conformément à ce qui a été réglé, fixé et arrêté par messieurs de la municipalité.

SÉBASTIEN-ANNE DÉZERTS,
Commissaire des Colonies.

1er NOVEMBRE

1788

Début de la Révolution à Nantes.

Le 1er novembre 1788, alors que Nantes procédait aux élections des députés du Tiers-Etat qui devaient aller siéger à Rennes, le peuple assemblé en masse adressa une requête au bureau municipal. Cette requête réclamait un député du Tiers par 10,000 habitants, qui ne fût ni noble, ni anobli, ni fermier des seigneurs, l'élection à deux degrés, le vote des députés du Tiers par tête et l'élévation de leur nombre à celui des deux ordres réunis, l'admission des curés dans l'ordre du clergé, l'abolition des corvées.

Des délégués furent choisis pour aller à Paris porter au roi une copie de la requête des habitants de Nantes.

Ce fut, à vrai dire, la première manifestation faite à Nantes contre les abus de l'ancien régime. On sait quelles en furent les suites mémorables à raison de la résistance du Parlement de Rennes.

2 NOVEMBRE

1792

La *Feuille maritime de Nantes* publie l'annonce suivante :

NAVIRES A VENDRE

Nantes. — La *Dorade*, d'environ 120 tonneaux, doublé en cuivre, et d'une marche supérieure, amarré à la Chézine, ayant 49 pieds de quille portant sur terre, 18 pieds 3 pouces de bau, 8 pieds 2 pouces de cale sous barrots, une cuisine avec sa chaudière pour 150 nègres et qui n'a servi que deux mois, 107 fers à nègres, deux chaînes idem, de 15 pieds chacune, avec douze colliers, une dito de 20 pieds, une dito de 30 pieds, un entrepont volant et autres distributions propres à un Négrier. S'adresser à M. Ant. Ménard.

C'était, on le voit, un navire installé, en vue de la traite des noirs qui se faisait couramment à cette époque sur notre place. On l'appelait par euphémisme « le commerce de bois d'ébène. »

3 NOVEMBRE

1791

Avis du District de Nantes

« Les personnes versées dans la connaissance des livres, qui voudraient entreprendre la confection des inventaires des biblio-
thèques de Saint-Jacques, de Pirmil, des
Chartreux, des Minimes et autres maisons
religieuses supprimées de Nantes, peuvent
s'adresser au secrétariat du District de cette
ville où leurs propositions seront reçues jusqu'au 15 de ce mois. »

Il s'agissait de dresser des états des richesses en livres, parchemins, manuscrits, que
devaient renfermer les établissements religieux. Que de pièces curieuses, uniques,
dans leur genre, ont dû disparaître dans la
tourmente d'alors !

4 NOVEMBRE

1791

M. de Bertrand, ministre de la marine, écrit aux juges et consuls de Nantes pour les prier d'engager les armateurs disposés à faire des expéditions pour Saint-Domingue, à y comprendre autant de tentes qu'ils pourront s'en procurer.

« Il s'agit, dit sa lettre, de faire parvenir
» de prompts secours à ceux des habitants
» qui peuvent se trouver sans asile, et il
» n'est point de bons Français, d'hommes
» sensibles et humains, qui ne doivent
» s'empresser de seconder de leurs moyens
» personnels les efforts du gouvernement. »

Les intérêts commerciaux de Nantes avec Saint-Domingue étaient alors fort considérables, et l'appel du ministre de la marine devait être entendu des armateurs de notre ville.

5 NOVEMBRE

1796

Tribunal criminel de Nantes

SESSION DU JURY

15 brumaire an V

Anne-Geneviève Métayer, femme Feuillet, âgée de 19 ans, tailleuse pour femmes, native et domiciliée à Nantes, y demeurant chez sa mère, rue Cassini, est condamnée par voie de police correctionnelle à deux ans de prison, pour vol d'un paquet d'effets commis la nuit de l'incendie de la salle de spectacle.

6 NOVEMBRE

1791

M. Mosneron de Launay, négociant à Nantes, est nommé, aux appointements de 10,000 livres, membre du bureau central d'administration de commerce que venait de créer le ministre de l'intérieur, à l'effet de connaître les facilités et moyens de prospérité auxquels tous les genres d'industrie peuvent parvenir en France.

Ce bureau comprenait des délégués du commerce de Lyon, de Marseille, de Lille et Dunkerque, de Paris et de Nantes.

Ne serait-il pas utile de reprendre cette idée et d'organiser actuellement quelque chose du même genre, une délégation permanente des chambres de commerce de France auprès du pouvoir central pour y défendre les intérêts de leurs commettants?

7 NOVEMBRE

1796

Par lettre du 18 brumaire an V, Pheli-pes-Tronjolly, président du tribunal crimi-nel de la Loire-Inférieure, se plaint vive-ment au ministre de la justice du danger de confondre dans la même prison hommes et femmes, jugés ou non jugés, condamnés et prévenus. « La prison du Bouffay, dit-il, est l'arche de Noé. »

Voici la réponse du ministre :

« C'est aux corps administratifs qu'il appar-tient de faire cesser ces réunions, dans une même prison, des hommes avec les femmes et de ceux qui sont jugés avec ceux qui ne le sont pas ; pressez-les de faire la séparation que vous demandez. Les mœurs et la justice ne peuvent qu'y gagner.

    » Salut et fraternité,

    » MERLIN. »

8 NOVEMBRE

1790.

La municipalité autorise les boulangers forains à venir vendre du pain à Nantes.

C'était une mesure destinée à faciliter l'approvisionnement de la ville réduite, eu égard à la difficulté du ravitaillement, à des ressources insuffisantes pour nourrir sa nombreuse population.

9 NOVEMBRE

1795

(18 brumaire an IV)

Dans un compte-rendu adressé au gouvernement, le général Hoche s'exprime ainsi sur le compte de Charette de la Contrie :

Ce cheval de bataille des émigrés qu'il déteste, a un pouvoir absolu sur tout le pays qu'il commande. Les lois draconiennes qu'il a données aux pays qu'il occupe, l'ont en quelque sorte fait déifier par une multitude ignorante que son nom seul fait trembler. Son caractère est féroce et singulièrement défiant. Son ambition est de gouverner féodalement. Il n'a point d'ami. Pour être un chef de parti vraiment redoutable, il lui faudrait la loyauté de Bonchamps, les talents de d'Elbée et la témérité de Stofflet. Il n'a ni l'un ni l'autre.

Ce rapport très curieux se trouve *in extenso* dans l'intéressante correspondance de Hoche, bien incomplète malheureusement, publiée en l'an VI par Alexandre Rousselin.

10 NOVEMBRE

1790

Hommage à Desilles

Le club des Amis de la Constitution fait dire au couvent des grands Capucins une messe de *Requiem* pour les victimes des troubles de Nancy, où le lieutenant breton Desilles, de Saint-Malo, s'était héroïquement jeté à la bouche des canons pour arrêter une lutte fratricide et avait été foudroyé par ses propres soldats de quatre coups de feu.

Un catafalque d'une richesse extrême, des drapeaux formant des trophées, une musique brillante et un détachement de soldats contribuèrent à donner de l'éclat à cette cérémonie.

Tout événement un peu considérable se passant sur un point quelconque du territoire, avait aussitôt son contre-coup dans la France entière et les patriotes nantais ne laissaient rien passer sans manifester hautement leurs aspirations vers le nouvel ordre de choses.

11 NOVEMBRE

1793

Suicide du général Léchelle

Le général Léchelle, responsable de la déroute de Laval, se suicide pour échapper aux reproches dont on l'accablait à cause de son impéritie et de sa lâcheté ; on le trouva empoisonné à son logis, à Nantes.

Cette mort causa en ville une certaine agitation. On prétend aussi qu'il ne s'empoisonna pas, mais qu'il mourut de chagrin.

Né à Puyréaux (Charente), Léchelle était maître d'armes à Saintes, quand survint la Révolution. C'était le ministre de la guerre Bouchotte qui l'avait envoyé dans l'Ouest en 1793.

12 NOVEMBRE

1790

Installation des nouveaux juges du district de Nantes, MM. Delaville, Fellonneau, Maussion et Pineau, au Palais-de-Justice du Bouffay.

Voici quelle était la formule du serment :

Jurez-vous de maintenir de tout votre pouvoir la Constitution du Royaume, décrétée par l'Assemblée nationale et acceptée par le Roi, d'être fidèles à la Nation, à la Loi et au Roi, et de remplir avec exactitude et impartialité les fonctions de vos offices ?

Le serment une fois prêté, le maire de Kervégan répondit :

— Au nom du Peuple, nous prenons l'engagement de porter au tribunal et à ses jugements le respect et l'obéissance que tout citoyen doit à la loi et à ses organes.

Un discours patriotique du président du tribunal, Delaville, termina la cérémonie.

13 NOVEMBRE

1790

Le directoire du département de la Loire-Inférieure dénonce à l'Assemblée nationale comme séditieux et attentatoire à l'autorité souveraine de la nation un imprimé, intitulé : *Adresse à l'Assemblée nationale*, au bas duquel étaient apposées les signatures de plusieurs individus se disant le clergé de Nantes.

En attendant la décision de l'Assemblée nationale, le traitement des signataires était suspendu, jusqu'à désaveu ou rétractation de leur signature.

La lettre d'envoi du 13 novembre 1790 constate que la partie la plus nombreuse et la plus saine du clergé nantais n'avait pris aucune part à ce libelle, qui demandait la convocation d'un concile en France, l'unité du culte, etc.

« Plus vous aurez d'indulgence, disait la lettre, pour des prélats et des prêtres déjà trop coupables, plus vous les verrez oser et entreprendre. Leur cupidité, qu'ils voilent du manteau de la religion, les fera armer les citoyens les uns contre les autres. Ils tenteront d'ébranler, de renverser l'édifice de la Constitution, dussent-ils être ensevelis sous ses ruines. Prévenez d'aussi grands malheurs. »

14 NOVEMBRE

1795

(23 Brumaire an IV)

Le général en chef Hoche « invite M. Durand, ministre du culte catholique, à le professer, à recommander aux habitants de la commune de Gorges de vivre paisiblement et sous les loix de la République ; défend, en outre, aux troupes de la République de le troubler dans l'exercice de son ministère, autant qu'il prêchera la soumission aux loix. »

Hoche avait toujours cherché à rétablir la paix civile et politique par la paix religieuse.

15 NOVEMBRE

1792

La victoire de Jemmapes

La population de Nantes témoigne un vif enthousiasme à la nouvelle de la victoire de Jemmapes.

La bataille de Jemmapes, gagnée par Dumouriez sur l'armée autrichienne, que commandaient le duc de Saxe-Teschen et le général Clairfayt, produisit en France et dans toute l'Europe un effet prodigieux. Le sang-froid et l'audace de nos jeunes troupes excitèrent l'admiration des vaincus eux-mêmes et l'on peut dire que c'est de Jemmapes que date le prestige terrible qui entoura comme d'une auréole les armées de la République.

Qui donc eût dit que Dumouriez devait, si peu de temps-après, flétrir ses lauriers par la révolte et la trahison ?

16 NOVEMBRE

1791

Le commerce de Guinée

Les armateurs de Nantes avaient sollicité auprès du ministre des contributions publiques le paiement de la gratification de 40 liv. par tonneau sur la contenance des navires qu'ils avaient expédiés pour le commerce de la traite des noirs. Ils avaient appuyé leur demande d'observations générarales sur l'exécution des lois de l'Assemblée nationale.

Par décision ministérielle du 16 novembre 1791, les armateurs furent invités à attendre qu'il eût été statué par le pouvoir législatif sur le sort des primes et gratifications accordées au commerce de Guinée.

17 NOVEMBRE

1790

L'administration du département de la Loire-Inférieure prend un arrêté dénonçant M. de la Laurencie, évêque de Nantes, à l'Assemblée nationale comme accusé de crime de lèse-nation et, sans attendre la décision de l'Assemblée nationale, elle suspendit provisoirement le traitement de l'évêque.

Déjà quelque temps auparavant, invité à exécuter les décrets de l'Assemblée nationale sur la constitution civile du clergé, M. de la Laurencie répondit qu'il ne pouvait et ne devait le faire.

Cette réponse inconstitutionnelle ainsi que son refus de prêter serment de fidélité à la nation, à la loi et au roi, avait vivement irrité la population contre lui. La dissension se mit même dans les rangs du clergé : ceux qui faisaient partie de l'Université prêtèrent serment, malgré le refus de leur évêque.

M. de la Laurencie avait fini par s'éloigner du diocèse. Cette fuite détermina l'arrêté du 17 novembre.

1793

Translation du club Vincent-la-Montagne à l'église Sainte-Croix.

Ce fut Carrier lui-même qui l'y installa, en montant dans la chaire autrefois occupée par les curés de l'église et d'où il fit entendre un discours approprié à la cérémonie.

La musique jouait des airs républicains.

L'évêque Minée termina la séance, dit Guépin, en faisant abjuration de son titre sacerdotal et de son caractère ineffaçable de prêtre. Quelques curés constitutionnels des environs de Nantes imitèrent son exemple.

Nous avons eu occasion de signaler au cours de ces éphémérides quelques-unes des motions parties du club Vincent-la-Montagne.

19 NOVEMBRE

1790

Hyacinthe Tardivaux, curé de Couëron, avait signé une prétendue adresse du soi-disant clergé de Nantes, à l'Assemblée nationale, adresse séditieuse et déjà flétrie par les bons citoyens.

Il reçut à cette occasion la lettre suivante :

Nantes, le 19 nov. 1790.

Monsieur,

La Société ne pouvant plus compter sur vos serments, ne vous compte plus au nombre de ses membres.

Nous sommes avec indignation, monsieur,

LES AMIS DE LA CONSTITUTION.

20 NOVEMBRE

1796

On lit dans la *Feuille Nantaise :*

La *Muselle*, capitaine Desbrosses, armateur le citoyen Félix Cossin, de Nantes, a fait quatre prises pendant sa croisière sur les côtes d'Irlande ;

Un brick de 8 canons, sur son lest, coulé ;

Un brick de 6 canons, chargé de charbon, entré à Nantes ;

Un brick de 14 canons, sortant de Liverpool pour la Martinique, chargé de soieries, toiles, mousselines, etc., assuré à Londres 25,000 liv. sterling ;

Un trois-mâts venant de la Jamaïque, chargé de 448 barriques de sucre, de rhum et de coton.

Cossin avait d'autres navires armés à la course l'*Eugénie*, l'*Actif*, etc. qui étaient la terreur des Anglais auxquels ils firent des prises considérables relatées dans les journaux de l'époque.

21 NOVEMBRE

1791

Au moment où le conseil communal allait procéder à la nomination d'un nouveau maire, il reprit une ancienne délibération du 1er mars 1790 restée sans suite à l'époque et qui avait pour but d'allouer un certain traitement au maire, tant cette fonction était alors pénible et dispendieuse.

M. de Kervégan avait refusé d'accepter aucun traitement : le conseil voulut par avance en faire une condition à son successeur, quel qu'il fût, et décida qu'à l'avenir les maires toucheraient annuellement une somme de 6,000 francs.

C'était l'inscription au budget de la Ville d'un principe essentiellement démocratique, bien qu'il soit d'une application onéreuse, surtout s'il devait s'étendre à tous les conseillers municipaux.

A l'heure présente, à Nantes, le maire a encore à sa disposition un crédit dont il n'a pas à rendre compte et qu'il emploie à soulager les misères urgentes et les pauvres honteux qui se présentent à son cabinet.

22 NOVEMBRE
1789

La nouvelle division de la France

Les députés du Comté de Nantes font connaître à leurs commettants, par une lettre datée du 22 novembre rendue publique à leur demande, les motifs pour lesquels ils sont disposés à adopter la nouvelle division du royaume en départements à la place des anciennes provinces.

Ils réfutent l'objection tirée de ce que la contribution de la province à l'entretien des établissements publics va désormais manquer ainsi que celle tirée de ce qu'en cas de despotisme ministériel, la Bretagne était plus capable de se défendre que cinq départements isolés :

« Les Bretons, disent-ils, seront-ils moins Bretons parce qu'ils sont devenus Français ? Chériront-ils moins la liberté parce qu'ils en auront fait jour les autres ? Seront-ils moins une grande famille, parce qu'ils seront partagés en cinq tribus ? Et, s'il survient un ennemi commun, leur sera-il donc impossible de réunir contre lui toutes leurs forces ? »

La lettre se termine en demandant la grande carte du Comté nantais dressé par Oger, les députés désirant s'en servir pour s'occuper de la division du département en districts.

1794

Le général Hoche au général Kricq

Frimaire an III.

De mes deux filles, je vous donne l'aînée, préservez-la d'accidens, tandis que je veillerai à ce que la pudeur de la cadette ne souffre pas.
Je vous embrasse.

Il n'est pas besoin d'ajouter que les deux filles dont il est ici question, n'étaient que des filles d'adoption, comme Leuctres et Mantinée étaient les filles immortelles d'Epaminondas.

L'aînée, c'était Nantes ; Rennes était la cadette.

Ce furent deux filles bien gardées.

24 NOVEMBRE

1791

La garde du roi

Louis XVI fait écrire aux membres du département de la Loire-Inférieure en les priant de lui désigner trois sujets destinés à faire partie de sa garde personnelle. Voici les conditions qui étaient requises par la lettre du ministre de l'intérieur Delessart :

Probité, bonnes mœurs, attachement à la Constitution et à la personne du roi ;

Comme âge, pas moins de vingt ans, pas plus de trente ;

Service militaire antérieur dans les troupes de ligne ou dans la garde nationale ;

Taille et figure distinguées.

Un avis du département du 2 décembre invitait les intéressés à formuler leur demande avant le 18 décembre, dernier délai.

25 NOVEMBRE

1794

Mise en accusation de Carrier

Attaqué successivement à la Convention par Merlin de Thionville, Fréron, d'autres encore, Carrier est enfin décrété d'accusation le 5 frimaire an III (25 novembre 1794). Sa défense devant la Convention fut assez habile : il invoqua le souvenir des horreurs commises par les Vendéens, nia les noyades, sauf la première, qu'il expliquait à sa façon par un naufrage et, pour le reste, se rejeta sur le péril de la situation, prétendant n'avoir fait qu'exécuter les ordres du comité et les décrets de l'Assemblée qu'il cherchait, par des arguments spécieux, à envelopper dans la solidarité de ses forfaits. « Si l'on veut me punir, dit-il, tout » est coupable ici, jusqu'à la sonnette du » président. »

Mais, couvert de sang, devenu pour tous un objet d'horreur, il n'en fut pas moins renvoyé, pour y être jugé, devant le tribunal révolutionnaire.

26 NOVEMBRE

1790

Déchéance de l'évêque de Nantes

L'évêque de Nantes, M. de La Laurencie, avait refusé d'exécuter les décrets de l'Assemblée nationale. Une députation du directoire du département de la Loire-Inférieure, malgré tous les égards avec lesquels elle s'était exprimée, n'avait pas eu plus de succès. Le soir même, plus de deux mille citoyens étaient venus demander l'arrestation de l'évêque et son transfert à l'Assemblée nationale, mais averti de cette motion, le prélat avait prudemment pris la fuite.

Mise au courant de ces faits, l'Assemblée nationale, à la date du 26 novembre 1790, décréta la déchéance des évêques rebelles, la privation de leur traitement, leur poursuite devant les tribunaux et leur remplacement dans un délai déterminé.

Par la même ordonnance, elle félicita le directoire de la Loire-Inférieure et le district de Nantes du zèle patriotique qu'ils avaient montré pour l'exécution de la loi.

27 NOVEMBRE

1791

L'état des esprits à Savenay

Monlien, curé constitutionnel de Savenay, fait connaître au vicaire-général de l'évêché, l'état des esprits surexcité dans sa paroisse et dans les paroisses voisines par les prédications des prêtres insermentés. Voici quelques passages de cette curieuse lettre où le curé Monlien semblait pressentir le sort qui l'attendait (il fut tué par les chouans le 12 mars 1793) :

...... « Les esprits sont furieux, l'erreur s'enracine de plus en plus, les prêtres réfractaires sont autant de tigres déchaînés. Le décret qui vient de paraître, quoique très sévère en apparence, ne remédie point au mal, puisqu'il leur laisse la liberté de se fixer où bon leur semble ; et les curés constitutionnels vont être exposés plus que jamais à périr sous le couteau du fanatisme. Je suis forcé d'être sans cesse sur la défensive, et je ne dois la conservation de mes jours qu'au zèle et à la surveillance des braves volontaires dont je suis environné. Quoique je n'aie opposé jusqu'ici que la patience, la douceur et le silence aux menaces, aux invectives et à la mauvaise conduite de mes paroissiens, je ne doute pas que je ne fusse à l'instant victime de leur fureur, si je restais seul et sans défense au milieu d'eux.....

» L'aristocratie lève ici hardiment la tête, et le très petit nombre de patriotes est forcé de se cacher. J'ose assurer qu'avant six mois, il n'en restera pas quatre dans le pays ».

1793

(7 frimaire an II)

Départ de Nantes des cent trente-deux Nantais, envoyés à Paris par le comité révolutionnaire de Nantes, sous la conduite d'un détachement du 11e bataillon de Paris.

Le récit poignant de leur voyage a été écrit par Dorvo.

28 NOVEMBRE

1789

La traite des noirs

Le bruit s'était répandu que la traite des noirs serait supprimée. Les députés de Nantes, Blin et Baco notamment, protestent énergiquement contre cette suppression qui, suivant eux, équivaudrait « à l'anéantissement du commerce français. ».

« Il est indécent, il est odieux, dit Baco, d'alarmer ainsi tous les esprits. Il importe à la prospérité de la France que ce commerce se soutienne. »

« J'ai interrogé beaucoup de personnes dans l'Assemblée sur cette motion, écrit Blin aux officiers municipaux de Nantes. Tous l'ont traitée d'extravagante. Je puis donc vous affirmer que personne n'extravague au point de vouloir mettre sur les grands chemins six millions d'âmes que l'abolition de la traite en France réduirait au désespoir. »

« Il me paraît à moi, écrit aux juges et consuls de Nantes, Le Chapelier, député de Rennes, qu'il n'y a pas un homme sensé et véritablement humain, qui puisse songer à proposer l'affranchissement des Noirs. »

29 NOVEMBRE

1789

Adresse de la ville de Nantes à l'Assemblée nationale, pour protester contre l'attitude de la Chambre des Vacations du parlement de Bretagne qui avait refusé d'enregistrer le décret de prolongation de ses vacances.

Cette adresse se termine ainsi :

« Si le Parlement de Bretagne persistait dans son insubordination, la ville de Nantes se croirait obligée de ne plus le reconnaître et demanderait à l'Assemblée nationale et au Roi, provisoirement le droit de juger en dernier ressort pour tous les tribunaux de la province.

» La Ville de Nantes désavoue hautement la démarche incendiaire du parlement de Bretagne et fait le serment d'employer tout ce que ses habitants ont de fortune et de courage pour maintenir les décrets de l'Assemblée nationale. »

La résistance du Parlement n'était que la dernière lueur d'une lampe qui allait s'éteindre, sans jamais être rallumée.

30 NOVEMBRE

1790

Les clefs de la ville de Nantes

Installation de la mairie Giraud-Duplessix, ancien avocat au siége présidial, ancien procureur syndic, qui resta maire jusqu'au 28 décembre 1792.

Les officiers municipaux étaient Bridon, orfèvre, Carié, négociant, Villemain, négociant, Kirouard, capitaine de navire, Mellinet, manufacturier, Bougon, peintre, Bonnard, ex-bénédictin (singulière profession !), Douillard, architecte, Godebert, docteur en chirurgie, Bourcard, négociant.

Parmi les notables, figurent un autre ex-bénédictin, Soulâtre, et Lefeuvre, curé de Saint-Nicolas.

Après avoir installé son successeur, M. de Kervégan lui remit les clefs de la ville, en lui disant : — Monsieur le maire, je vous remets les clefs de notre ville ; elle n'a plus de portes, mais votre vigilance en tiendra lieu.

1er DÉCEMBRE

1790

Installation de M. Garreau, comme procureur de la commune de Nantes, de M. Kerbodet, comme substitut et de huit nouveaux officiers municipaux.

Ces nouveaux municipaux étaient Fourmi père, Lecadre, Dupoirier, Beaufranchet, Bailli, Français, Delahaie, Lemeignen.

Ce fut Beaufranchet qui fut spécialement préposé plus tard à l'inscription des enrôlements volontaires.

Il n'y pouvait suffire.

2 DÉCEMBRE

1790

Installation du tribunal du district de Savenay

Le Pelletier (Pierre-François), commissaire du roi près le tribunal de Savenay, fait dans son discours d'installation l'éloge du nouvel ordre judiciaire :

« Des peines, dit-il, proportionnées au délit, strictement et évidemment nécessaires, les dernières traces d'une inquisition odieuse entièrement supprimées ; l'accès des tribunaux ouvert indistinctement à tous les citoyens ; une procédure simple dictée par l'équité, substituée à un fatras de formalités, l'écueil souvent du droit le plus incontestable et le plus légitime ; toutes les ressources ôtées à la chicane avide de perpétuer ses injustes moyens ; en un mot des juges de paix, des bureaux de conciliation, des tribunaux de famille, des arbitres présentent à toutes les parties qui ont des démêlés entre elles la voie de les terminer promptement et aux moindres frais. »

3 DÉCEMBRE

1795

(12 frimaire an IV)

Hoche au général Grouchy

12 frimaire an IV.

La Vendée serait terminée si des hommes, à l'abri d'un bout de réputation, ne s'étaient dispensés d'exécuter mes ordres.

Nous avons perdu 57 hommes en deux affaires ; la Robrie y a été tué, ainsi que plusieurs autres chefs.

Je vous enverrai chevaux et mulets dès qu'ils seront arrivés à Nantes.

Hoche au ministre de la guerre

même jour.

Il fait un temps affreux, les chemins sont détestables, il n'existe dans ce pays aucune maison pour mettre les troupes à couvert. Aussi souffrent-elles beaucoup.

Beaucoup de soldats sont chaussés avec des sabots, beaucoup vont à l'hôpital, et peu se plaignent : quel heureux esprit !

4 DÉCEMBRE

1794

Extrait du procès-verbal de la séance de la Convention du 4 décembre 1794 (14 frimaire an III).

La Société populaire de Saint-Vincent-la-Montagne, à Nantes, demande qu'aucun prêtre ou ministre d'un culte quelccnque ne puisse être chargé d'une fonction publique, à moins qu'il ne renonce pour jamais à l'état de prêtre.

La Société demande aussi que les juifs qui sont au nombre des agents les plus actifs de l'agiotage, soient surveillés.

La Convention ordonna l'insertion au *Bulletin* et renvoya au comité d'instruction publique ce double vœu qui visait à la fois les juifs et les prêtres catholiques et les enveloppait dans la même suspicion.

5 DÉCEMBRE

1789

La contribution patriotique

L'avis suivant est placardé en ville par les soins de la municipalité :

> Hôtel de Ville de Nantes
> du 5 décembre 1789.

Les Citoyens qui n'ont pas encore fait leurs déclarations pour la Contribution patriotique du quart de leurs revenus, sont avertis, pour la seconde fois, de se présenter incessamment à l'Hôtel-de-Ville, pour satisfaire à cette obligation ; conformément au décret de l'Assemblée nationale, sanctionné par le Roi.

Le Registre est ouvert, à cet effet, chaque jour, depuis neuf heures jusqu'à midi, et depuis trois heures jusqu'à six heures du soir.

DE KERVÉGAN, maire.

6 DÉCEMBRE

1791

Inscription électorale.

Un avis du district de Nantes invite les citoyens ayant les qualités requises pour être électeurs, à se faire incrire avant le 15 décembre pour servir de jurés de jugement au greffe du district.

La non-inscription entraînait la privation du droit d'éligibilité à toute fonction publique pendant deux ans.

Les officiers de police, les juges, les commissaires du roi, l'accusateur public, les procureurs-généraux syndics et les citoyens non électeurs étaient exclus des fonctions de jurés ; les ecclésiastiques et les septuagénaires en étaient dispensés.

7 DÉCEMBRE

1789

Le pacte fédératif de Bretagne.

La municipalité de Nantes reçoit une lettre de Quimper pour le renouvellement du pacte fédératif, anciennement formé entre les diverses villes de Bretagne.

Au nom de la commune de Nantes, le maire, les échevins et le comité d'administration n'hésitèrent pas à adhérer à l'arrêté pris à Quimper.

Ils décidèrent en outre que, sauf avis contraire de l'Assemblée nationale, les membres de la noblesse et du clergé qui n'auraient pas abjuré les serments faits à Rennes et à Saint-Brieuc, seraient déchus des droits de citoyens actifs.

8 DÉCEMBRE

1789

Le règlement de la garde nationale

Mise en vente chez A.-J. Malassis, imprimeur du *Journal de la Correspondance de Nantes*, du *Règlement provisoire, en forme de Code de Discipline, pour la garde nationale de la ville de Nantes*, petit livret in-octavo.

Avis était donné aux citoyens militaires (*sic*) de se le procurer à ladite imprimerie, 5, rue et Hôtel de Briord.

9 DÉCEMBRE

1790

Les citoyens Cornet et Chauvière avaient été délégués par le département de la Loire-Inférieure auprès de l'Assemblée Nationale pour lui dénoncer l'attitude anti-patriotique de M. La Laurencie, évêque de Nantes.

Ils rendirent compte de leurs démarches dans un rapport en date du 9 décembre 1790, qui se termine par le détail curieux que voici :

« La dépense qu'a occasionnée notre voyage, se monte à 953 liv. 19 sols. »

1793

Trastour, commis à la municipalité de Nantes, y signe le 19 frimaire an II (9 décembre 1793) la déclaration suivante :

Je soussigné, Jean-Charles Trastour, ancien administrateur du district de Montaigu et directeur des postes du même lieu, certifie que, depuis le 13 mars dernier, jour de l'insurrection et de la première entrée des brigands audit Montaigu, jusqu'au 20 septembre suivant que j'en suis sorti avec ma famille, pour me réfugier à Nantes, où j'ai transporté mon bureau de poste, par ordre des généraux, j'avais été dans l'impossibilité de le faire jusque-là.

10 DÉCEMBRE

1791

Par suite des troubles causés dans le département par les agissements des prêtres non assermentés, le Conseil général arrêta que ces prêtres fixeraient leur résidence à Nantes et feraient chaque jour, à midi, constater leur présence au directoire du département. L'évêque pourvoirait au remplacement des curés dans les paroisses dépourvues de ministres.

Par arrêté du 10 décembre 1791, inspiré par les mêmes préoccupations, la municipalité de Nantes décida que les portes de l'oratoire de Bon-Secours, généralement ouvertes avant le jour, ne le seraient qu'à sept heures du matin jusqu'au 15 février. Le procureur de la commune avait signalé les dangers que l'ordre public courrait autrement.

11 DÉCEMBRE

1796

Les députés des principales villes de commerce du territoire se réunissent au ministère des finances à Paris pour y examiner certaines questions intéressantes pour les commerçants : la baisse du taux de l'argent, divers plans de banque, le recouvrement des 80 millions restant dûs pour complément du paiement des domaines nationaux, le rétablissement de la contrainte par corps pour les lettres de change, etc.

Les députés du commerce de Nantes étaient Millet père et Clanchy.

12 DÉCEMBRE

1794

La Société populaire et sans-culotte de Nantes sollicite de la Convention Nationale le prompt établissement des écoles primaires et des ateliers d'industrie.

— Hâtez-vous, disent les membres, de créer la pureté des mœurs par l'opinion et la vigueur du corps par le travail : c'est par vos soins, sublimes montagnards, que les erreurs passeront et que la vérité restera.

(Procès-verbal de la séance de la Convention du 12 décembre, 22 frimaire an III).

Ces préoccupations font honneur à la Société populaire de Nantes.

1796

Première représentation au théâtre de la *Mère Coupable* ou *l'autre Tartufe*, comédie en cinq actes et en prose, de Beaumarchais.

Cette pièce fut accueillie par de chaleureux applaudissements : elle était jouée, du reste, avec beaucoup de soin et d'ensemble.

Voici quelle en était la distribution :

La comtesse	La citoyenne Lacombe
Suzanne.............	La citoyenne Escoffier.
Florestine..........	La citoyenne Dauté.
Le comte Almaviva..	Le citoyen Dumanoir.
Figaro	Le citoyen Faure.
Léon....	Le citoyen Belmon.
Begears	Le citoyen Résicourt.

1796

La *Feuille Nantaise* publie la liste des directions de spectacle qui ont donné ou promis de donner une représentation au bénéfice des artistes incendiés du Grand-Théâtre de Nantes.

A Rouen, le théâtre des Arts a envoyé 873 livres 14 sols, les artistes réunis y ont ajouté une journée de leur traitement, soit en plus 416 livres 6 sols. La représentation du théâtre de la République, également de Rouen, a produit 311 liv. 4 sols.

Le théâtre de Caen a produit 111 liv. ; celui de Bayonne, 148 ; celui de Rennes, 77 liv. 11 sols. Le spectacle de Ribić, successeur de Nicolet, connu sous le nom de théâtre d'Emulation, est le seul de Paris qui ait abandonné une recette au profit des artistes de Nantes : cette recette a produit 559 liv. 8 sols.

D'autres représentations furent données à Lorient, Bruxelles, Montpellier, Metz, Nancy et Orléans.

La municipalité de Nantes avait envoyé partout des circulaires pour provoquer ces manifestations charitables.

14 DÉCEMBRE

1793

(24 frimaire an II)

Les noyades de Nantes

Les membres de la Compagnie Marat se présentent à la prison du Bouffay et s'y font remettre, sur les ordres écrits de Carrier, 129 détenus.

Goulin les fait conduire à la Sécherie, où ils furent embarqués et noyés, après avoir été dépouillés de tout ce qu'ils possédaient.

Quelques-uns, acquittés, devaient sortir sous peu de prison : d'autres n'y étaient enfermés que pour des fautes légères. Tous furent livrés à la mort.

« Quand cette exécution fut connue, dit Guépih, à qui nous empruntons ces horribles détails, la terreur atteignit son comble dans toute la ville ».

1793

Carrier, mécontent de l'attitude de la Société de Vincent-la-Montagne qui lui avait recommandé un citoyen nommé Garnier, se rend à la séance du 15 décembre (25 frimaire an II) et, au nom de la République, il prononce la dissolution de cette Société patriotique.

Les membres de la Société déférèrent, séance tenante, à cette injonction et se retirèrent sans trouble aux cris de: *Vive la République ! Obéissance à la loi !* par respect pour la représentation nationale dans la personne de Carrier.

Le président était Forget, le serétaire Leminihy.

Ajoutons que la mesure de dissolution fut rapportée par Carrier quatre jours plus tard.

16 DÉCEMBRE

1794

Exécution de Carrier

Malgré ses dénégations, Carrier avait été convaincu de culpabilité sur la question des noyades par le témoignage même de ses complices et sur celle des fusillades sans jugement par deux ordres signés de lui et contenant l'un vingt-quatre noms, l'autre trente-six.

L'odieux proconsul mourut avec une grande fermeté. Il n'avait que trop longtemps vécu pour l'humanité en général et pour la ville de Nantes en particulier.

Deux de ses coaccusés, Pinard et Grand-maison, furent exécutés le même jour que lui.

17 DÉCEMBRE

1790

L'aristocratie de Guérande

La ville de Guérande, habitée presque exclusivement par des nobles, était tourmentée par l'aristocratie. Les manifestations contre-révolutionnaires qui s'y faisaient, déterminèrent le département à y envoyer deux détachements, l'un du régiment de Rohan, l'autre de la garde nationale pour y porter, disent les mémoires de l'époque, « les sentiments civiques dont ils étaient » animés. »

Les détachements ne quittèrent Guérande qu'après le renouvellement de la municipalité.

1794

Les complices de Carrier

Le jugement qui avait condamné à mort Carrier, Grandmaison et Pinard, avait acquitté Goulin, Chaux, Bachelier et une vingtaine d'autres accusés, non pas que les faits qui leur étaient reprochés ne fussent constants, mais comme n'ayant pas eu d'intentions criminelles.

La Convention s'émut d'un jugement qui reconnaissait des coupables en les absolvant et le 18 décembre elle décida que, sous trois jours, il lui serait présenté un projet de décret pour renvoyer devant le tribunal de leur département les individus acquittés dans cette affaire.

Rien ne prouve cependant qu'ils furent jugés de nouveau à Nantes.

19 DÉCEMBRE

1794

Charité de l'armée

L'armée campée sous les murs de Nantes, à Sèvres, sous le commandement du général Malbranq, abandonne à la population nantaise, alors en proie à une horrible disette, une partie de ses propres vivres. Chaque officier céda 22 onces de sa ration, chaque soldat 8 onces.

Luminais, alors président du département, répondit à cet acte de générosité par une chaleureuse proclamation :

« Les Nantais diront votre acte de bienfaisance paternelle à leurs enfants auxquels vous serez doublement utiles, puisqu'ils profiteront à la fois et de vos secours et de vos leçons. »

20 DÉCEMBRE

1788

Les débuts de la Révolution

Sur le rapport de Giraud, procureur-syndic du roi et les discours patriotiques de Baco et de Cottin, l'assemblée de la Commune arrête de nommer des députés extraordinaires aux Etats de Bretagne qui stimuleront les députés ordinaires pour obtenir l'admission d'une représentation du Tiers-Etat égale en nombre aux deux autres ordres réunis et le vote par tête et non par ordre.

Les députés extraordinaires étaient Baco, Giraud, Cottin, Chaillon, Jarry, Chanceaulme, Genevois, Mellinet, etc.

Munis de ce pouvoir, les délégués partirent pour les Etats à Rennes, mais sans parvenir à convaincre les corps de la noblesse et du clergé. Le roi, instruit des débats qui avaient eu lieu, casse les Etats et les ajourne à l'année suivante.

Les députés du Tiers se retirèrent ; ceux des deux ordres protestèrent et continuèrent à tenir des simulacres de séance.

De là l'irritation du peuple de Rennes, des conflits et le meurtre par les nobles de deux étudiants de Rennes qui provoquèrent le mouvement de janvier 1789.

21 DÉCEMBRE

1789

L'uniforme de la garde nationale

Ce fut à cette date que la municipalité règla le costume de la garde nationale de Nantes, fort coquet, si l'on en juge par la description suivante :

Habit bleu doublé de rouge,
Revers blancs ,
Liseré rouge et blanc,
Boutons jaunes avec une fleur de lys coupée d'hermine et le numéro de la division.
Houpette du chapeau blanche avec une hermine au milieu, épaulettes et contre-épaulettes en or.

L'hermine, signe de l'ancienne nationalité bretonne et la fleur de lys, emblème royal, ne subsistèrent pas bien longtemps dans l'uniforme des *bleus*.

22 DÉCEMBRE

1790

Scandale au Théâtre

Un officier du régiment de Rohan, Armand Devassa, avait applaudi au théâtre, lors de la seconde représentation de *Brutus*, un passage qui faisait douter de ses sentiments civiques, lors de la tirade de l'ambassadeur de Tarquin. Aussi ses applaudissements provoquèrent-ils une contre-manifestation assez violente, d'autant que les cadres du régiment étaient suspects d'hostilité au nouvel ordre de choses.

Il crut bon de protester le lendemain par une lettre adressée au *Journal de la Correspondance de Paris à Nantes* et d'affirmer son patriotisme et son dévouement au maintien de la Constitution.

23 DÉCEMBRE

1791

La gendarmerie départementale

Les officiers, sous-officiers et gendarmes nommés par le directoire du département de la Loire-Inférieure, signent une adresse à l'Assemblée nationale pour demander la prompte organisation de la Gendarmerie nationale.

Unis et répandus avec les cavaliers de la ci-devant maréchaussée sur la surface de l'Empire, nous deviendrons, disent-ils, autant de sentinelles contre les malveillants qui oseraient porter atteinte au temple de la liberté ; nous rassurerons les grandes routes ; nous fortifierons nos frères des campagnes qui sont désolés et presque découragés ; nous les instruirons de tous les bienfaits que leur prodigue la Constitution, et qu'ils ignorent ; nous leur donnerons des leçons de civisme et ferons aimer la Patrie à ceux qu'on égare par des conseils perfides ; nous déjouerons les sinistres projets de ces factieux religieux, toujours inquiets, isolés de la grande famille à qui ils ne tiennent par aucun lien, et qui n'ont d'autre intérêt que celui de perpétuer l'obscurité, puisqu'ils ne règnent que dans les ténèbres.

24 DÉCEMBRE

1793

Bataille de Savenay

Kléber, Marceau et Westermann, à la tête des troupes républicaines, remportent sur les chouans la victoire décisive de Savenay.

Malgré une résistance valeureuse, les royalistes sont écrasés de toutes parts, leurs chefs, Lyrot et Piron, tombent percés de coups et le soir, cinq à six mille cadavres étaient amoncelés dans les rues de Savenay.

Beaucoup furent ensevelis à l'endroit où s'élève aujourd'hui l'Ecole normale d'instituteurs.

Cette victoire mettait fin à la guerre dite de la Vendée.

Un tableau du peintre Hippolyte Berteaux, la *Déroute de Savenay*, figurait au Salon de Nantes de 1886 où il fut très remarqué.

25 DÉCEMBRE

1793

Kléber et Marceau à Nantes

Entrée des généraux Kléber et Marceau, les vainqueurs de Savenay, dans la ville de Nantes qui leur fit un accueil triomphal.

Ils allèrent le soir au club où des citoyens offrirent à Kléber une couronne civique, mais le vaillant général ne consentit à l'accepter que pour l'offrir aux soldats, « ses camarades » et l'attacher à leur drapeau.

Des applaudissements chaleureux accueillirent ces paroles. Ce fut du reste, avec la couronne civique, la seule récompense qu'obtinrent les généraux républicains.

26 DÉCEMBRE

1770

Naissance de Cambronne

Naissance à Saint-Sébastien , près de Nantes, de Pierre-Jacques-Etienne Cambronne, général français dont on connaît l'héroïque conduite à Waterloo et la réponse historique aux Anglais qui le sommaient de se rendre.

Pendant la Révolution , Cambronne fit partie des volontaires nantais, et partagea les dangers et la gloire de la célèbre légion nantaise. Il combattit à Quiberon dans l'armée de Hoche, puis prit part en 1799 à la campagne de Masséna en Suisse.

Ce fut Cambronne qui, à la mort de La Tour d'Auvergne tué à ses côtés, fut proclamé héritier de son beau titre de *premier grenadier de la République*. Il le refusa en disant que tous les militaires français en étaient dignes.

Depuis, il se signala à Iéna , à Hanau, à Leipzig, à Craonne, enfin à Waterloo.

Sous la Restauration , il fut poursuivi pour sa conduite pendant les Cent-Jours, défendu par Berryer et acquitté.

Il mourut à Nantes en 1841.

27 DÉCEMBRE

1790

L'abbé Latil, oratorien, supérieur du Collège de Nantes, député de la sénéchaussée de Nantes à l'Assemblée nationale et secrétaire de l'Assemblée, prête le serment civique à la séance du 27 décembre 1790.

28 DÉCEMBRE

1792

René-Gaston Baco de la Chapelle, ancien procureur du roi au siège présidial de Nantes et ancien procureur de police du roi, est élu maire de Nantes par 422 voix sur 802 votants, contre Maussion.

« Citoyens, déclara-t il en prenant possession de la mairie, vous m'enlevez à ma retraite, à mes champs, à un repos que de longs orages m'avaient rendu cher : vous m'avez appelé et j'ai obéi... Vous me confiez la gloire de Nantes, vous me la confiez pure et intacte ; je vous jure de la rendre telle que je l'ai reçue. »

L'événement prouva que nul n'était plus digne que Baco de ces hautes fonctions à une pareille époque.

29 DÉCEMBRE

1789

David à Nantes

La municipalité décide de confier à David, peintre du roi, « le Rubens de notre siècle, » le soin de venir faire le portrait de M. de Kervégan, maire de Nantes.

Il s'agissait, dit la délibération, de « con- » sacrer les traits du courageux adminis- » trateur dont le noble caractère offrira aux » plus grands talents le modèle des plus » grandes vertus. »

La ville vota 300 livres dans ce but et décida que, pour ménager à tous les citoyens la satisfaction de concourir à cet hommage public, chacun pourrait remettre telle modique somme que ce fût.

30 DÉCEMBRE

1795

Proclamation de Hoche

Le général Hoche annonce aux troupes des armées de l'Ouest, des côtes de Brest et de Cherbourg qu'elles viennent d'être réunies sous son commandement, avec le titre d'Armée des Côtes de l'Océan, dont le quartier-général est fixé à Angers.

Quelques jours après, Hoche adressait aux troupes un ordre du jour des plus remarquables, dont voici le début :

Je m'empresse de vous faire part d'un arrêté de l'exécution duquel le Directoire attend le salut de la République et la fin de la guerre actuelle qui déchire son sein.

Lorsque la patrie est en proie aux factions, que les finances de l'Etat sont obérées, que les magasins sont vides, que les troupes éprouvent les plus pressants besoins, sans doute il a fallu recourir à des moyens vigoureux. Ceux que me présente l'arrêté sont tels, mais ils sont salutaires et il ne faut rien moins que votre zèle patriotique et vos talents pour les mettre en pratique.

31 DECEMBRE

1794

Seconde mairie Giraud-Duplessis

Henri Giraud-Duplessis, ancien avocat du roi au présidial, ancien député aux états-généraux, ex-membre du Corps législatif, est nommé maire pour la seconde fois.

Les officiers municipaux sont Trotreau, négociant; Seheult, architecte; Ogier, rentier ; Maillet, marchand ; Ducamp, négociant; Couprie ; Haudaudine, négociant; Darbefeuille, chirurgien en chef des hôpitaux ; Barbier, négociant; Garraud, négociant; Robinot-Bertrand, sculpteur ; Gaignard, marchand fripier ; Bellier, chapelier ; Badaud, négociant.

Rissel est agent national.

Saveneau est secrétaire greffier.

Haudaudine n'était autre que celui qui avait mérité le surnom de *Régulus nantais*.

IMPRIMÉ

L'ANNÉE DU CENTENAIRE

PAR

G. SCHWOB ET FILS

NANTES

IMPRIMÉ

L'ANNÉE DU CENTENAIRE

PAR

G. SCHWOB ET FILS

NANTES

www.ingramcontent.com/pod-product-compliance
Lightning Source LLC
Chambersburg PA
CBHW051524060726
47597CB00001B/184